越女王
越少女

李爱玲——作品

江苏凤凰文艺出版社
JIANGSU PHOENIX LITERATURE AND ART PUBLISHING LTD

世事薄凉，仍心生妩媚。

生活残酷，爱亦有慈悲。

自 序

女人多勇敢，就有多柔软

这是我的第三本书。

交稿的前几天，我突发奇想，对一个女友说：“下半年我想练出马甲线。”

她既没有“你已经够瘦了还瞎折腾什么”的无视，也没有“这岁数何苦对自己那么狠”的哀叹，而是笃定地告诉我：“练吧，不试怎么知道呢，看看自己到底会变成什么样。”

我想，这就是女人活在这个时代最大的幸运吧。无论多少岁，依然可以对未来充满期待和热忱。

我想去试试，看看自己能走到哪里，会变成什么样子。

若时间倒退十几年，我恐怕，只会在心里默默对自己说：算了。

没错，我曾经就是这么自卑，无力，懦弱。

怕受伤，怕失去，怕做不到，怕不能得偿所愿。一袭黑衣一束马尾，在飞扬招展的年纪，暮气沉沉地湮灭于众人。

我常想，女人的情路，大抵也是相似吧：

有人二十几岁，为一份爱急急打马天涯，等不得陌上花开缓缓归。

有人三十出头，生活大幕轰然拉开，爱情被柴米油盐挟裹而去。

有人四十左右，忽觉人生苦短，痛悔不曾轰轰烈烈伤心伤肺地爱过。

我们一直在寻找，却又永远求不得。

执镜自照时乍见初老面目，笙歌散尽时又想击鼓而舞。

少女时代太过敏感脆弱的人，往往容易在某个阶段，或因工作，或因婚姻，或因生子，如基因突变般，变得张牙舞爪生猛凌厉起来。从忧郁自怜的林妹妹，一夜变成泼辣跋扈的王熙凤。

生怕掉队，生怕失败，生怕后悔，于是——

我大步流星闯职场，不言乏力，铁骨铮铮。

我拼尽全力做母亲，不辞劳苦，义无反顾。

我长成一个钢铁战士，战功彪炳。

也活成一只旋转陀螺，不舍昼夜。

终于有人对我说：你出走半生，归来已是女王。

女王，是否就是这般铁甲钢拳模样？

恐怕只有自己知道，那是用力过猛的自保，是情深不寿的委屈，是过刚易折的虚弱。

直到七月的夜里，我去听林忆莲演唱会。

她一袭红衣站于台上，弹着吉他唱着歌。笑起来眉眼弯弯，充满少女感。

刚柔相济，缠绵悱恻。九曲回肠，倔强铿锵。

那一刻我突然懂了，什么是做女王的底气，什么是做girl的资本。

不是必须成为狠角色，不是剑拔弩张生猛决绝。

一个女人的生存姿态，不应该只有“坚强”二字。

我可低眉，亦能昂首。

我的晨曦中有勇敢，我的夜色里有温柔。

三毛曾写：一个当年被父母亲友看作问题孩子的二毛，为什么在十年之后，成了一个对凡事有爱、有信、有望的女人？在三毛自己的解释里，总脱不开这两个很平常的字——时间。

对我来说，不只是时间，还有痛楚与失去。

女人没有谁天生强大通透洒脱，不过就是横冲直撞太久，痛得多了，变得敢了。

这份敢，不再是二十岁的东奔西突，也不再是三十岁的铮铮铁骨。

是不回避，不躲闪，不再辗转腾挪，不再矫情死磕。

是敢爱敢恨敢失去，是事无两样心有别。

二十岁时恋爱，我紧张，拧巴，迷惘，充满不安全感。

如今结婚十年，我舒展，笃定，在情爱中悟道，在婚姻里修行。

终于明白，一个人拥有怎样的自我，就会拥有怎样的人生和感情。

于是，将这本书名定为《越女王，越少女》。

少女不是一味柔弱得软趴趴，女王也不想永远坚强得冷冰冰。

二者之间找到一个词，叫作韧性。

女王是坦荡，是负责，勇敢完成自我更新自我迭代，无畏向前。

少女是赤诚，是纯粹，永远保有一颗初心，简单澄明，执着生动。

少女有少女的铠甲，女王有女王的软肋。

我敢坦露脆弱与柔情，承认孤独和疲惫，接纳遗憾与后悔。

也敢和血吞齿徐步前行，绝口不提伤悲，在爱里学会敬畏。

台湾作家简媜说：我们活在这个时代，但不是为这个时代的锱铢锣鼓而写，为让我们活着的那一存有在写。

此刻，我写给夜里的你们，又何尝不是写给醒着的自己。

不假意坚强，也不佯装薄凉。

像女王一样强大，如少女一般柔软。

这才是我们真正想成为的铿锵玫瑰——

世事薄凉，仍心生妩媚。

生活残酷，爱亦有慈悲。

亲爱的姑娘，

愿你烟视媚行，亦可临风企望。

愿你看尽沧桑，终将势不可挡。

愿你得未曾有，不负此生路远情长。

目录

越女王，越少女

Chapter 1

越女王的人，才能越少女

Chapter 2

只因我们一样为爱颠簸在红尘

Chapter 3

如果他爱你，眼里会有疼惜

Chapter 4

我爱你，但我更爱我自己

Chapter 5

我们曾经不堪一击，我们终将刀枪不入

Chapter 1

越女王的人，才能越少女

少女有少女的铠甲，女王有女王的软肋。

我敢坦露脆弱与柔情，承认孤独和疲惫，接纳遗憾与后悔。

也敢和血吞齿徐步前行，绝口不提伤悲，在爱里学会敬畏。

好姑娘，不暧昧

爱情就像高手过招，谁先动心，谁就满盘皆输。
暧昧就是贱人过招，谁还动心，谁就至贱无敌。

不得不承认，女人活得太理智了，也就意味着不怎么可爱了。

就拿我自己来说，在我人生第二个本命年的时候，还热衷于跟小姐妹们一起谈爱情、聊男人，谁喜欢了谁，谁暗恋了谁，谁爱而不得，谁为情所困。

而到我第三个本命年的时候，谁再没日没夜地拖着我聊这个，我准得骂人。

于是，莉莉就被我骂了。

过完春节之后的半年里，这姑娘每回找我都没别的事，所有主题都围绕着她春节期间回老家校友聚会时，重遇了曾经的大学学长——当年的金融系才子，校宣传部部长，让她小鹿乱撞的白马王子。

果然是万恶的同学会，拆散一对是一对。我在心里暗暗骂着。

当她第五次以标准花痴神情坐在我对面，刚一开口：“姐，你知道吗？我……”

我立马让她打住，直接把话接过来：“你的××学长，现居上海，年龄三十一岁，年薪几十万，外资银行主管，沉稳英俊、帅气多金，魅力更胜当年。这两个多月，他每天在微信上向你道早安，半夜给你去年发的朋友圈点赞。情人节那天，给你发了个说不清道不明的迷离表情，So，你心里开始翻涌《听说爱情回来过》以及《有多少爱可以重来》，呵呵，可惜，他结婚三年，儿子一岁半。”

她扑闪着浓密的韩式睫毛：“呃，你都知道啊？”

我在心里呸她：你都跟我说四遍了，我还没整明白简直弱智啊。

我问：“他大概还跟你说过，他现在并不幸福，结婚是家里的安排，他老婆一点也不懂他吧？”

她惊讶：“你怎么知道的！”

还用问？自古套路得人心。

我要是男人，撩你们这种妹，一撩一个准。

我对她一点没好气：“你有那些闲工夫跟他微信传情，想过你今年的职业发展规划吗？你们公司今年挖了一个外资跳槽来的HR

经理，要执行绩效考核了，你文凭够硬吗？资历够足吗？专业够精吗？绩效考核一执行，能拿多少奖金？青岛房价现在涨幅多少了？你的首付还差几个零？”

她鄙夷地撇嘴：“唉，你现在真俗，以前你多浪漫的一个人啊！”

没错。我当年也跟莉莉一样，看着琼瑶式脑残偶像剧长大，里面的主人公一天到晚啥事儿不干，专业谈恋爱。不用工作不用赚钱不用养全家，只负责你侬我侬哭哭笑笑地诠释剧情。

但风花雪月不能当饭吃啊。

像莉莉这样二十八岁的单身姑娘，浪漫爱情的幻想断不了，偶像剧的遗毒除不掉，校友会上惊鸿一瞥，当年暗恋过的欧巴学长，结婚了，当爹了，升职了，有钱了，更有男人味了。留了电话扫了微信，曲终人散到家后收到他的关切短信：“回去了吗？今晚喝这么多酒没事吧？有点担心你。”

小姑娘那颗粉红少女心，怦怦就沦陷了。

什么样的人，特别热衷于组织同学会、校友会、同乡会？

穷鬼怂货是不来这种场合嘚瑟的。通常都是事业小有成就的男人。

他们要像开屏孔雀一样，把最光彩照人的一面展示出来。莉莉的这位学长，为了这场吹牛逼大会精心准备、衣着考究、备好名片、练习演讲稿，胸有成竹地拉来一帮昔日校友同窗，互相展示身份，区分阶层，顺便搂草打兔子——撩一撩你这样当年深深迷恋过他的小师妹。

一场正常爱情的序曲，两个人尚未挑明、雾里看花、水中望月、似有似无、患得患失的滋味最撩人。

但显然，他已经结婚了，深知自己失去了正常恋爱的资格。

但莉莉还单身啊，当年的黄毛丫头出落成楚楚动人的大姑娘，破茧成蝶，青春逼人。男人都有一种迷之自信：你当年喜欢过他，至今仍然未嫁，必是曾经沧海难为水，他的结论就是——你为他单身至今。

于是他意淫出无限可能。而偏偏，他一撩有人就上钩了。

我问莉莉："你打算怎么着？人家已经有家有口了，你清清白白一个大姑娘总不能当小三吧？"

她斩钉截铁："当然不能。不过，他这么关心我，我真的很感动。造化弄人，他说如果早两年相遇，他一定会认真追我，他说，他会像一个哥哥那样喜欢我，会在心里给我留一个特别的位置，只属于我。"

呵呵，如果让我一直冷笑下去，我想我能笑出腹肌。

这个时候说“如果”，是扯淡的废话。你只比他低两届，若他真想回来找你，无须费太多力气就能打听到你毕业后的去处。像哥哥那样喜欢你？你应该马上给他听一首孟庭苇的《你究竟有几个好妹妹》。

其实不只莉莉，许多年轻姑娘都接到过已婚男人的暧昧暗示。

暧昧有两大好处：第一成本低，第二责任轻。

他只需要付出一点点时间成本，发个暧昧不清的表情，配几行温情脉脉满含关心的字句，在你平静的湖心投下涟漪。

他也不必承担实质性责任，风险等级极低。

他步步试探，句句撩骚，若你大胆开放，便发展成免费炮友，你情我愿互不亏欠，分文不花尽享鱼水之欢。

若你传统保守，未动身，先动心，情海深陷，他拍拍屁股全身而退：我只把你当妹妹，你可千万别误会。

说白了，他只敢撩你这种很傻很天真的妹子，绝不敢惹那些精明势利的熟女。

听我分析完，莉莉问：“那，我要把他拉黑吗？”

不用。你说两句话就能让他主动消失了：

1.说你要创业，让他用银行关系帮你贷出300万。

2.说你要结婚，马上辞职去上海投奔他，如果他爱你就离婚娶你。

这妹子天真地问：“万一他真同意了呢？我既没打算创业，也没打算让他离婚啊！”

放一万个心吧。就以你们这种关系，就凭你在他心里的定位，第一句先把他吓尿了，第二句直接把他吓跑了。

古龙曾说：爱情就像高手过招，谁先动心，谁就满盘皆输。

替换一下：暧昧就是贱人过招，谁还动心，谁就至贱无敌。

好姑娘，永远别去玩暧昧。

你的人生永远有更紧要的两件事：努力赚钱，认真变美。

然后，正大光明、坦坦荡荡地去谈一场爱情，跟那个配得上你粉面朱唇玲珑心的人。

那些只想跟你暧昧的人，直接让他滚。

衣服是女人的战袍，男人是女人的补药

对衣服不跟风，也不盲从。
对男人不将就，也不攀附。

日常最令我发愁的事有三：一是当众敬酒，二是开口借钱，三是陪女友S买衣服。

其实S人挺好，但一买衣服就超级挑剔。

若是有超模身材天使脸蛋，严苛一点倒也罢了，偏偏S只有中等身高，且还是微胖界一枚冉冉升起的新星，腿不长腰不细，既无逆天颜值也不波涛汹涌，每次陪她选衣服，都要耗尽洪荒之力。

简约通勤装，她嫌款式太单调。

文艺森女系，她嫌装嫩太过分。

黑白灰性冷淡风，她怨没有女人味。

洛丽塔蕾丝裙，她又嫌甜得太腻人。

我拿了一堆时尚杂志砸向她："自己看！"

她振振有词地朝我翻白眼："我要是有这样的身材，还用找你帮忙？你这么大个人了，一点耐心都没有，我无非就是矮点胖点身材差点，才这么点困难你就放弃了？"

我差点被她气成内出血，恶狠狠地丢下一句："怪不得你难嫁，挑衣服比挑男人还麻烦！"

她恍然："你别说，还真是这么回事啊！"

大学校园里，老公还是我男朋友的时候，我特别对他身上的运动活力着迷，暗暗决定要为他改变穿衣风格，将自己打造成热力四射的动感美少女。

我买了和他相衬的蓝色系运动套装，肩袖上还闪着大片荧光绿。我麻秆般的身材套在里面四下灌风，原本就偏黄的肤色被衬得更暗黄。他踢完一场球，远远从操场跑过来，错愕地看了我半天。

好几天之后，他才有勇气说出实话："那身衣服，怎么看都像偷来的。你穿原来的衣服就挺好，别硬逼自己扮伪球迷了。"

我果断把运动套装送给宿舍另一个女孩，她每天穿着晨跑，特别英姿飒爽。

而我，重新穿回我的小立领白衬衣和中腰牛仔裤。

前两天有好友问我："你现在的穿衣心得是什么？"

我说："衣服如男人，不适合的，不要选，不要穿。"

男人也如衣服。有些女人择偶时，通常状态就是，地摊货看不上，奢侈大牌买不起。

不，不只是买不起，有时即使钱到位，仍是衬不起。

因为她尚需修炼，待岁月淬出那些叫作气质和气场的东西。

数年前，我也买过几件挂在衣柜里只供欣赏却无法穿出门去的衣服。有天蓝色牛仔背带裤，也有blingbling华而不实的小礼服。

三十岁以后我才终于明白那些衣服对我的意义——蓝色背带裤是对青春的祭奠，是我再也回不去的少女梦；blingbling小礼服是对未来的奢望，是我未得圆满的浮华幻想。

衣服是女人的战袍。男人是女人的补药。

你以为那些会穿搭的姑娘能嫁得好，只是因为她会浪？当然不是。

是因为她对自己的身体和灵魂都无比了解无比熟悉，她懂得什么样的衣装最适合、什么样的男人最相配。

为什么也有那么多貌似时尚、灿若夏花的女孩，却屡屡遇人不淑，在错爱的路上一再碰壁受苦。因为她对于自己的内心，还是个陌生人。

她们一路试错，却始终没明白自己要什么。

执意要爱的人，令她们踮着脚尖拼力去够，最终心力交瘁。

被迫将就的人，让她们心有不甘委屈连连，总想逃到海角天边。

得到的不想要，想要的得不到。

男人通常说女人如衣服，其实是将女人物化，带着直男癌的炫耀，仿佛全世界的女人都任他挑选试穿。

我想说男人如衣服，不是女权主义以牙还牙，更不是鼓动滥交。

我坚信男人如衣服，其实是女人应该像了解自己的身体发肤一样，去正视自己的优点和缺陷，去做正确的选择和取舍。

因为只有当我们对自己有充分而正确的认知，才会明确自己要什么，适合什么。

先学会与自己相爱，才能学会与男人相恋。

若一个女人只要求衣能遮体，那满大街都是可以结婚的男人。

她为什么要挑款式、板型、面料、做工？因为她想要的是相衬。

就像那个适合的人，他与你鲜花着锦，相得益彰，也让你舒展踏实、柔软安心。

一个对自己有客观评价和正确认知的女人，不会肤浅到跟风去买淘宝爆款，不会盲目追随T台模特的时装秀，也不会虚荣到去拼买不起的大牌高端。

因为她知道——

想穿欧美高冷风，你至少要有168cm的高瘦身材。

要扮韩式粉嫩系，你要有萝莉小脸加甜美气质。

脸上写满七情六欲，怎么衬得起纯色棉麻长裙？

一副受气小媳妇委屈相，怎么hold住Max Mara大衣？

选男人亦如是。

你去高攀的那位，就像咬牙攒半年才买下的华服，你穿不起，又放不下，挂在衣橱里好生伺候小心侍奉，逼着自己削足适履，生生饿瘦两个码数塞进去之后，却发现，效果其实跟你想象的相去万里。

你去低就的男人，就像清仓处理的路边货，你当初一时贪便宜，买回后却怎么看都是浓浓的廉价气息，衬不起你的容颜拉低了你的品位，让你日夜不甘如鲠在喉，怎么看都厌弃。

有人一袭白衫已足够妩媚，有人凤冠霞帔仍非女王。有人在错的爱情里凋敝枯萎，有人在对的人身边嫣然盛放。

爱情，是两个人之间的量体裁衣。适合的人，就像一件得体的衣服，穿在你身上自然，熨帖，舒适，让你由内而外地满足。不在于价格多贵，档次多高，只在于，他与你匹配。

他衬得起你的气质，你配得上他的段位。这才是最好的彼此驾驭，彼此驯服。

最终，他见证你红颜璀璨，也陪伴你暮年苍茫。

你们相依老去，你身材不复，他松垮颓唐。但那些相拥时刻，依旧令你踏实心安。

穿对衣服，让你骄傲而不骄纵。

爱对人，让你自由且不自卑。

选衣服是时尚眼光，选男人是人生品位。

对衣服不跟风，也不盲从。

对男人不将就，也不攀附。

亲爱的姑娘， 这都是你的人生必修课——前者是衣品，后者是爱商。

越女王的人，才能越少女

上班工装，下班霓裳。身段轻盈，步履铿锵。
夜里柔软，白昼坚强。

网上看来一个段子：原本想做大哥心中的女人，却活成了女人心里的大哥。

忍不住笑。钢筋水泥的都市里，最不缺的就是女汉子。她们踩着高跟鞋如脚蹬风火轮，大步流星，无所畏惧。干得了烈酒喝得了鸡汤，上得了谈判桌，hold住应酬场。

数年前，甄姐在我眼里就是这样的女汉子。

那时我还是职场小白，甄姐所在的公司是我们极其密切的合作单位。由于工作需要，我经常往她办公室里跑。甄姐虽不是大BOSS，但身居要位，公司60%的业务要从她手里过。每次去她那，总看到她穿灰色套装坐在办公室桌前，一排文件夹等着她审阅签字。

甄姐长得端庄大方，大脸盘大眼睛，只是线条硬朗，不够柔美秀丽。就跟她的性格做派一样，办事干练爽利，说话掷地有声，走路呼呼生风。

我见过她训斥下属毫不留情：“不要告诉我怎么不行，我想知道的是怎么能行。你有解释为什么没做好的工夫，已经可以重新做一份了！”

也见过她应对酒场应酬迂回周旋：“女人天生胃小，您就别跟我计较这一杯了。男人的酒量就是胸怀，您心宽体胖，这点酒不在话下。”

她在我心里就像一个完美标杆，无所不能，天衣无缝。我搞不定的，她一个电话就解决。我想不通的，她一语就道破天机。我对她崇拜、敬重，也有些打怵、畏惧。

直到后来我们一起到东北出差，去见我们共同的一个供方单位。

酒店预定出了疏漏，我俩临时改住一间标准间。公事谈完后，对方安排我们在周边景点玩两天。

女神与屌丝、精英与小白的差距，在游山玩水的放松中被快速消除。而真正把我惊到的，是回到酒店后她从行李中掏出的小物件——

缎带蝴蝶结发圈。

田园碎花风的纯棉睡衣。

印满甜美樱桃图案的收纳袋。

被女儿贴上卡通贴画的小巧水杯。

如果不看她的阿玛尼套装和RIMOWA行李箱，我简直无法相信这是我心中那个女王。

她竟然还有一个和我一样的化妆包，粉色缎面，深褐色蕾丝花边。完完全全的少女风。唯一的区别是，人家从日本买的，我从外贸小店淘的。

她看着我惊讶的样子笑了："怎么了？很奇怪吗？我一直很喜欢这些小东西。"

"完全看不出来啊甄姐！你内心竟然这么少女！"我实在忍不住脱口而出。

那晚我俩敷着面膜聊到半夜。

甄姐说，她在和我一样的年龄初入职场，横冲直撞不服输，一心想干大事业。白天跑客户，晚上背单词，周末上会计班。整个人铆足了劲往前冲。当然收获也很大，年年先进标兵，成为公司晋升最快的年轻干部。升职加薪，结婚生女，换房换车，人生一路开挂，像男人一样野心勃勃。

但是，当她全力紧绷、开足马力、所向披靡的时候，生活亮起红灯。

后面几年，她先后经历了子宫肌瘤、婚姻危机、亲子教育的波折，迫使她停下来，放缓脚步。

大概，她知道对我这种尚未涉足婚姻、不知人间疾苦的黄毛丫头来说，注定无法感同身受，她只淡淡说着，一带而过。

她最后对我说："职场上女人要和男人一样拼，但内心里，女人就是女人。我们要享受自己的天性，不必非要铁骨铮铮誓不低头，女人真正的强，是弹性，是韧劲，是你在外面拼完之后仍然能做回女人。"

我看着桌上两个一模一样的粉色蕾丝化妆包，似是而非地点着头。

没想到十几年之后，我也活成了女汉子。

那些年像前尘往事旧梦，咬过牙流过泪，碰过壁后过悔。走过决然的强悍坚硬，在某个时间点，学会了让自己软下来。

我发现我开始更加喜欢所有轻盈、精巧、充满女人味道的东西，喜欢所有散发女性气息的色彩。

终于明白，那是我们永远不会被成长抹杀的天性：温暖、柔软、天真、赤诚。它们让我回归最原始的身份，唤起最可贵的少女心，一条刺绣睡衣，一颗心形吊坠，一对丝绒盘扣，都能将百炼钢化绕指柔，伴我扛过世情的冷漠，虚化生活的艰涩。

某次在《鲁豫有约》中看到董明珠谈起儿子，她向来硬朗的脸上，眼睛弯成两道月牙：“儿子小时候喜欢说妈妈帮我掏耳朵，特别开心，特别乖。”那一瞬，你几乎无法把她和那个被评价为“她走过的路，寸草不生”的铁娘子联系在一起。

她对鲁豫说：“我真的非常非常喜欢穿长裙。”

这一面的她，不是那个女不强大天不容的拼命三娘，而是一个真实的女人。

也看过娱乐圈的工作狂人范冰冰，一年飞三十万公里，拍四十多个代言，登十八次杂志封面，一天辗转三个城市。而在李静的访谈节目中，她展示了北京的粉红办公室——一间被哆啦A梦和Hello Kitty填满的粉色卡通房间。三十四岁生日时，李晨还为她举办了Hello Kitty粉红派对。

也许越女王的人，才能越少女。

窗外长风猎猎，每日身披铠甲推门而去，在职场上拼斗，在柴米中折腾，于情爱里翻滚。

而回到这方寸之间布缕之内，就放下金刚手腕，忘记盔甲钢拳，开出内心繁花似锦。

谁说女人的状态，不是极左就得极右？不做娇滴滴的小公举、嗲兮兮的傻白甜，就只能做刀枪不入的女强人、铁石心肠的女魔头？

过刚易折，善柔不败。

好友李筱懿曾写过：做个像果冻一样Q弹又立得住的女人。

我想，女人的Q弹，是柔韧。是柔和处事，也能硬气生活。是有帝国红的唇，也保有少女粉的心。

少女心，不是傻白甜的无知，也不是楚楚可怜的软弱，更不是仰面等待白马王子的救赎。那是我们的初心，是对这个世界的柔软和善意，对生活的热爱与赤诚。

上班工装，下班霓裳。身段轻盈，步履铿锵。夜里柔软，白昼坚强。

女王范，少女心。这才是属于这时代的百变伊人。

不会花钱的姑娘没未来？只会花钱的更没有！

没有哪个女人是只因会花钱而变有钱的。
“能花”的背后，一定有一套适合自己的价值投资体系，
一定有对自己、对未来精细的规划、要求和打算。

去年年底，我从捷克旅行回来，紧接着就有妹子问我：“姐，你去玩一趟花了多少钱啊？”

我说了个数，并解释：“我是因为买了好多七七八八的东西，所以花费比较多，如果购物方面节俭些的话，用不了这么多的。”

她马上来了精神：“我今年的积蓄差不多攒够了，等过完春节我就去！”

我在心里打了个问号，犹豫了一下，还是忍不住问她：“你的积蓄总共这么多，就打算一趟旅行全花光了？”

她说：“网上不是都说吗，不会花钱的女人没前途啊，能花才

能会赚啊！”

“那你打算怎么赚呢？”

“明年我想跟老板提加薪，如果加不成就跳槽，换个工资高点的工作。”

“这想法挺好，那你跟老板谈加薪的筹码是什么？跳槽有目标吗？换不换行业？规划是什么？重新应聘靠什么资本来提高收入呢？”

“呃……”

她无语了。

我也无语了。

沉默几分钟之后，我对妹子表达了我的观点：

没错，你几万块的积蓄都花光来个欧洲十日游，不是不可以。

但现实是，你月入三四千，工作几年省吃俭用勉强攒个两三万，一年到头回家一趟，要不要孝敬下年迈的父母？

想要求老板涨工资，要不要预留出资金进修学习？

明年计划跳槽，是不是得储备两个月的口粮以防断档？

人已老大不小，是否应该定个目标学学理财？

爱花钱和会花钱，根本是天壤之别好吗？

真正会花钱的女孩，都有会赚钱的思维。

她花的每一分钱，都是在投资自己的知识、能力、品位、眼界、格局。

她敢买Coach，是因为她已经在计划下一步怎么赚爱马仕。

她敢千金散尽，是因为她有还复来的本事。

而你呢？拿着数年不变的死工资，或许还得再找闺蜜借上几千块，只为满足短期的虚荣心和攀比欲。

说真的，女孩子让自己花钱见世面，去看、去经历、去体验那些全新的、更好的、更贵的东西，很值得。

但我反对的是，你什么都不想，却以为能和别人一样，花了钱就像开了天眼，然后就财源滚滚来。

“要么读书，要么旅行，身体和灵魂，总有一个在路上。”

这话说得挺好。可是亲爱的姑娘，你不能只走在会花钱的路上啊！你只看到别人花花花，你看到人家怎么赚赚赚了吗？

那些鼓励你去旅行、去花钱、去好好爱自己的鸡血文章，本意并没有错，只是，你会错意了。

人生需要有目标，特别是那些让我们翘首仰望，要使劲踮踮脚，甚至拼命跳起来才能够到的目标。它激励我们一路向前，不断学习，不停生长，蜕变成一个更优质、更强大的人。

但当你的才华撑不起梦想、能力配不上欲望的时候，你一味学着别人花花花，人前显贵人后受罪，那不是励志，只是虚荣。

多年前我有一个同事，刚入职我们就发现，她吃穿用度明显比我们这些同龄人高出一个档次。原以为家境优越，后来了解，她只是普通工人家庭，父母还面临下岗。

她上下班要打车，从不坐公交。拒绝住公司宿舍，自己租两室一厅的房子，因为方便周末同学聚会。那时我们只用得起美宝莲、卡姿兰这类平价品牌，她统统嗤之以鼻。公司组织三八节春游，她要提前花两个周末买四套新衣服搭配……

这样一个特别爱花钱的姑娘，却从未见她为多赚钱而努力过。

她业绩平平，却每天关注女领导们穿了什么裙子，是哪个品牌的新款，口红什么色号，专柜价格多少。

甚至还有人听到她打电话向同学借钱，编理由说公司要求新员工集资……

当年年底她离职，因为我们的待遇跟不上她消费的增长，跳槽去了一家同行外企。再后来，听说被一个浙江客户包养，直接辞职跟去了南方。

如果说不会花钱的姑娘没前途，那我觉得，这种只会花钱的，更不知道前路在何方。

我和闺蜜Dora前后进入职场只差一年，但在收入上，她始终遥遥领先。

我月薪三千的时候，她赚五千。

我涨到五千的时候，她年薪十几万。

如今我年薪六位数，她早已成了某公司合伙人，并在筹备上市。

早在十年前，她的消费就令我咋舌。

四位数的牛仔裤，一次买两条，深蓝浅蓝换着穿。

发了年终奖，一定要买个价格吓死人的包包犒赏自己。

她洗手台上随便一瓶面霜，都能顶我一整箱护肤品。

跟她厮混了一年多之后我发现，她远远不是爱花钱那么简单。

行业内的顶尖论坛，她必到场接收最新资讯。

某些高端展会年会，她即使自掏路费也飞到上海北京参加。

朋友的国际学校组织游学，她毫不犹豫当即报名跟去圣地亚哥。

她从不在花钱上计较，也从未放弃任何一个让自己提升的机会。

“为专业花钱，为知识付费，为自己投资。”

这个理念就是她最先教会我的。

她每次花的钱，真的就像被加持了一般变成资本长在自己身上。

她怀孕生子休息一年半，没有工作，依然有源源不断的客户找她做方案。所以她挺着大肚子依然逛专柜买LA MER。

给宝宝断奶后打算重返职场，五家猎头同时向她抛出橄榄枝，于是她决定先给自己换辆奔驰。

今年春节后她出差顺路来青岛看我，说去杭州见了个人，我一听名字如雷贯耳：“那不是马云的十八罗汉之一吗？”

她笑：“是啊，我们正在谈一个项目的合作。”

“能花”和“会赚”之间，是并列关系，不是因果关系。

不会花钱的姑娘没未来？

呵呵，只会花钱的姑娘，连现在都保不住。

没有哪个女人是只因会花钱而变有钱的。

她们“能花”的背后，一定有一套适合自己的价值投资体系，一定有对自己、对未来精细的规划、要求和打算。

她让自己越来越贵，才让消费也越来越贵。

我曾去听一个管理专家讲课，课间他打趣说，为了和他十三岁的女儿更有共同语言，他强制自己追完了《三生三世十里桃花》。

但他最后说：“我不只是看情爱纠葛的剧情，我想研究的是它背后的商业模式。”

我突然明白了，这也是那些“爱花钱”和“会花钱”的姑娘之间的区别。

你看到的，只是她花掉了多少钱。

她关注的，是自己又增值了多少钱。

听说你老婆不听话了？恭喜啊！

一个男人不思进取，是令女人快速成长的最好时机。
一个女人觉醒成熟，也是迫使男人必须进步的最佳手段。

有个关系很好的男同事对我说："你写那些东西，我一个字也看不进去，但我媳妇爱看，天天等着更新。"

我白他一眼："这就对了，我主要就是写给女人看的。"

他补了一句："关键是她看多了之后明显不听话了！"

恭喜啊，你进步的机会来了。

小时候家住平房，离集市很远，经常有小商贩推车来门前叫卖新鲜蔬果，有一次，邻居家的冯奶奶买了一串葡萄，五毛钱，但回家之后转头又回来要退掉，因为冯爷爷不许她买。

冯爷爷年轻时当过兵，脾气暴躁，冯奶奶和那个年代的所有女人一样，只是个没文化没工作没收入只生了一串孩子的老太太。

冯爷爷并不缺这五毛钱，他恼火的是冯奶奶竟敢未经他允许擅自花钱。

小贩自然不肯退。冯奶奶自己没钱，又急又气又觉得丢脸，眼泪都要泛出来了。我跑回家告诉奶奶，奶奶给我五毛钱，让我把冯奶奶的葡萄买过来。

这件事过去了二十多年，一直被我清楚地记在脑子里。什么是命运？对那一辈的女人，嫁给什么人，从此就是什么命运。除了恭敬和顺从，她们别无选择。

在我二十六岁的单身时期，我们有个小姐妹群体，经常一起吃喝玩乐。吴姐当时三十一岁，是我们姐妹团的头儿，也是我们几个当中唯一一个做了妈妈的人。

她喜欢时尚，经常跟我们一起买《瑞丽》杂志，我看过她反复试穿一条杏色连衣裙最后又默默放回。

她喜欢波浪卷，几次去询问发型师，最终还是没勇气坐在美发店镜前的椅子上。

这一切，都是因为她老公不喜欢。于是她总是一张素颜，清汤挂面的直发被一根棕色头绳扎成一束马尾，身上的颜色永远是黑棕灰。

我曾问她：“喜欢为什么不买呢？你又不至于买不起。”

她说："算了，不想回家为这些吵架。"

多少女人就这样无声地妥协了。

刘若英演过一部电视剧《新结婚时代》，剧中她饰演的北京姑娘跟随老公回农村婆家，严冬里带病也要做饭、洗碗、伺候一家老小。大老爷们儿坐热炕上喝酒聊天，亲戚夸赞她男人："你媳妇挺听你的啊！"

男人一脸得意："她敢不听！"

但最后，刘若英一个人提前回了北京。

千百年来，男人们都以令女人听话为荣。尤其众人当前，对她们呼来喝去，看她们低眉顺眼，俯首听命。

可是现在，若还有直男想以此来显示自己的权力、印证自己的威严，那他纯属病得不轻。

今年四月，我们闺蜜四人从大江南北四个城市，抛夫弃子齐聚扬州，游山玩水嗨够三天，心满意足各自返回。有人评论我们的朋友圈："四个败家娘们，没被你们老公休了真是幸运。"

呵呵，我们一致认为，他离被休不远了。

无论这时代如何进步，仍会有这样一种男人——

他们看未婚姑娘年龄一过，就必须将自己降价处理、挥泪甩卖。

他们看已婚妇女一旦失婚，就是人生最大失败永不能翻身。

他们要老婆孩子热炕头，前提是老婆要在炕头上铺床垫被，等着伺候本大爷入睡。

他们看几个女人不安稳在家洗衣做饭，出门旅行竟还不带老公孩子，简直是天理难容人神共愤。

没错，就是这样的男人，最不能容忍“不听话”的女人。

为什么不能容忍？因为他怕。怕失去掌控，失去权威，失去他作为丈夫对女人操控的特权。

可是天亮了，他的特权到期了。

这已经不再是一个用婚姻、用生子去定义女人成败的时代。

越来越多的女人，实现了经济和人格的双重独立。越来越多的女人，宁愿选择高质量单身，也不要低质量的婚姻。越来越多的女人，把望夫成龙转向自我蜕变和成长。

婚姻的长久和稳定，再也不是靠女人的忍辱负重和委曲求全，而是双方的平等尊重、信任接纳、共生共长。

我想，如果真有女人，在看了我的文章之后开始变得“不听话”，我愿意将这视为对我的最高褒奖。

女人为什么不再听话？

因为那颗叫“自我”的种子已经崩裂、发芽，她意识到她首先应该成为自己，然后才是谁的妻子，谁的女儿，谁的母亲，谁的儿媳，谁的挚友，谁的闺蜜。

她读过的书，走过的路，积累的知识、眼界和格局，都令她开始重新构建对自我、对生活、对世界的认知。她更懂得尊重自己，遵从内心的声音，再也不必拿谁的话当作圣旨。

一个男人不思进取，是令女人快速成长的最好时机。

一个女人觉醒成熟，也是迫使男人必须进步的最佳手段。

我真的想恭喜那些感觉到老婆开始“不听话”的男人们。

并非幸灾乐祸，更不是煽风点火。而是，这才是一个男人真正有危机意识的开始，他再也无法用男性性别、用丈夫身份，去获取婚姻中的优势和上风，再也无法用蛮力、用威慑，去赢得女人的服从和尊重。

这也是男人重新思考婚姻关系，开始走向成熟的契机。

若男人依旧徘徊在青黄不接的阶段，既没有老本可吃，又不肯奋力去拼，已丧失原始的生猛和血性，又不具备现代的教养和修为，那他将面对更多失去。

这就是时代的进步，带给我们的必然。

当然我还想说，不听话，不代表就是“作”。我并不是鼓励女人都去当“作女”。

对男人言听计从俯首帖耳，和与男人针锋相对处处死磕，都不是成熟女人的处事准则。

所谓“不听话”，是你再也不必一张口就是“我老公说”。你有自己独立的思想和见解，有丰沛的精神世界，你敢追求，敢尝试，敢突破，敢超越，再也不依附，不倚仗，不隶属。

李安说：“我做了父亲，做了人家先生，并不代表说，我就很自然地可以得到他们的尊敬。你每天还是要来赚他们的尊敬，你要达到一个标准。这个是让我不懈怠的一个原因。“

当一个男人不去精进自己，回到家只会剔着牙跷着二郎腿当甩手掌柜，还一味要求女人听话的时候，先问问自己，这样的觉知，你有吗？

一念女王，一念怨妇

你能站在人生主场，成为自己的太阳，
才能斩钉截铁地告别怨妇，享受女王的快意人生。

跟女友聊起婚姻，我说，我曾经是个怨妇。她瞪大眼：“怎么可能？你明明是女王范儿啊。”

而事实上，在我近十年婚龄中，有两年时间，我真的活成了怨妇。

那时初为人母，种种艰辛孤独早已令我牢骚满腹，感情岌岌可危。儿子一场病，成了压倒婚姻的最后一根稻草。

2012年元旦，一岁多的儿子被父母带回老家暂住。年底是我工作最忙的阶段，几乎整月出差。元旦三天假期我赶回老家看他，不料当晚儿子突发急症住院。我急得哭到半夜，给老公打电话，让他与公婆次日一早从青岛赶来。但在当晚的电话里，我们对治疗意见产生分歧，加之第二天将近中午他们才姗姗来迟，我怒不可遏，在医院大厅几乎如泼妇一般爆发。

那一刻的感觉，就是世界末日。

我只有一个念头：等儿子病好出院，立即离婚。

当全家与主治医师确定好治疗方案，安排好所有手续，我走出医院站在街头呼啸的北风里，看到他们全家心安理得去吃饭，我心如死灰。掏出手机打给闺蜜，让她帮我下载离婚协议。

那一刻的怨恨，至今回想仍不寒而栗。

五天后儿子出院，又被交叉传染开始咳嗽，反反复复直到春节。婚当然没离成，我却在不觉间正式启动了怨妇模式。

我找各种机会出差，来去如风，行踪不定。

一回到青岛，就开始长期冷战，不接受任何道歉。

我练就了最大的本事——要么绝不开口，一开口就风刀霜剑。

他讲笑话试图活跃氛围，我冷冷回击：“有什么好笑的？只有你这种没良心的人才笑得出来。”

他岔开话题想转移情绪，我不依不饶：“少扯没用的，早跟你过够了。”

他求和示好，我打击报复：“别以为道个歉就没事了，让我原谅，想都别想。”

他表达关心，我断然拒绝：“少来这套，留着给别人吧。”

他怎么做都不正确。我怎么过都不快乐。

终于有一天他忍无可忍：“你在家成天拉着脸，说话永远用降调，爸妈孩子都能看见，你觉得这样好吗？”

我再次山崩地裂地爆发：“你还有脸说我？什么原因你不知道吗？你若是对我够好，我至于这样吗？你付出过多少，你为这个家做过什么？”

强大的负能量像一个巨大黑洞，终于将我吞噬。

我开始日夜后悔，后悔为他放弃原来的城市和多年的圈子，后悔怀胎十月度日如年给他生了孩子，后悔告别逍遥单身来与他节衣缩食地过日子。

悔有多深，怨就有多重。

我总在找机会报复——他在家，我就出差。他出差，我就在家。而等他出差回来，我势必要找茬吵一架，然后拍屁股走人。我们就这样成了聚少离多的错时夫妻，感情一如家中冰冷的空气。

每当我回到最熟悉的旧城市，最爱干的事就是与闺蜜彻夜吐槽倒苦水。

当我撸着烤串喝着啤酒，第一百零八次对着闺蜜，发泄我对那个男人永无止境的不满，讨伐他在儿子生病期间让我失望透顶的种种行径时，她放下手里的羊腰子，定定地看着我：“爱玲，你放弃那么多调去青岛，就是为了过这种日子吗？”

“所以我过够了，想离婚。”

“且别说离不离，孩子的事已经过去这么久了，早就健健康康的了，就算当时是他不对，但你总是过不去这道坎，这件事，就是插在你心头的一把刀，你每回忆一次，它就捅你一次，伤的都是你自己。”

她是修佛之人，比我通透得多。

“你不能总这样，学会原谅别人，其实是放过你自己。”

我的泪夺眶而出，滴在啤酒杯里。

我不是不懂这道理，却纵容自己陷在怨怼里，把自己折磨成这副凄凄艾艾的鬼样子。

不识怨妇真面目，只缘已是怨妇身。

我曾以为怨妇的可悲只是牢骚和抱怨，其实更可怕的，是将自己推向暗无天日的死循环。

那晚我一夜未睡，回想起一件事：青春期里曾有个阶段，我变态地迷恋上剪指甲，越剪越深直到流血，每次未等长好，又忍不住再剪。很长一段时间，大拇指总是血迹斑斑。

或许我是有些自虐倾向的。

这次也一样。纵然他伤了我，这伤口也并非不能愈合。只是我自己不肯，非要一次次揭开那个痂，让它再度皮开肉绽鲜血淋淋，我就有理由继续指责继续埋怨。

我个性太硬，浑身是刺，不肯放过别人，却也从未饶过自己。

这一切苦的源头其实皆在我。那么然后呢？

就此甘当怨妇，最后不知所终吗？

继续拿闺蜜当垃圾桶，直到惹她们厌弃吗？

用别人的错误惩罚自己，血肉模糊也在所不惜吗？

就因为一个男人，从此活得一脸阴鸷破罐子破摔吗？

深夜里我问自己：这条路还要不要走下去？如果要，就去解决，就去承担。

结婚生子、调动工作、告别曾经的城市、放弃单身生活，每一步都是我自己的决定，从来无人逼迫。而当婚姻遭遇问题，我把这一切都推向“为了他才这么做”，把自己变成一个牺牲者。

我找到了怨恨的根源——受害者心态。

女人一旦有了这种执念，便开始丧失自我，逃避责任，将一切结果统统归咎于他人。

一念女王，一念怨妇。

我用很长的时间去做自我救赎。沟通、调整、包容、适应。

当我终于挣扎着走出绝望深渊，活成自己想要的样子，再回头看这段来路，才彻底意识到，女王与怨妇，真正的区别只在于一点：

女王永远是担当者心态——我所选，我负责，兵来将挡水来土掩，身陷低谷也努力爬坡，永远保持对自己人生的控股权。

怨妇永远是受害者心态——我有今天全是你害的，若不是因为你，我也不至于到这般田地，我为你牺牲这么多，你却如此对我，良心都被狗吃了。

两种心态，决定了两种截然相反的人生方向。

这就是为什么，女王越活越好，即使万箭穿心依然光芒万丈，身在沙漠也能长成行走的玫瑰。

而怨妇越过越累，抓一手好牌也打得稀烂，嫁什么人都活得像嫁了渣男。

女王比强，怨妇比惨。女王总是神清气爽光彩照人，怨妇永远愁眉紧锁悲悲切切。

你选择成为谁，就决定了你遇见谁。

当一个女人有足够的勇气担负起自己，人生就再也不会被谁牵制。自己选的路，前面是河就去蹚，前面是山就去翻。男人再也不是决定此生幸福的唯一标准。

你能站在人生主场，成为自己的太阳，才能斩钉截铁地告别怨妇，享受女王的快意人生——不会爱的教会他去爱，不够好的引导他变好。有资格惯着愿意爱的，也有资本换掉不再爱的。

亲爱的姑娘，从怨妇到女王的路，最重要的只有一步，就是自我担当。

好的拥抱它，坏的干掉它

爱着你，我会因爱成为一个更好的自己。
离开你，我也不会沦为苦大仇深的弃妇。

公司办公室主任是位待我极好的老大哥，我初入公司时就是他的下属，多年来感情深厚。

回总部培训，见面聊起家常。

他说年前患了结石，半夜突发疼痛，满地打滚，在只有老婆陪在身边共渡难关的时刻，真切感受到，结发夫妻才最值得依靠。

他语重心长地对我说："对你家小刘好一点，你以后，全指望人家照顾呢。"

我一副傲娇脸。

他批我："别不服，你还不到年纪，等五十岁之后你就知道了。"

我跟旁边的女同事调侃：“就算现在对他好，将来也未必就侍候我们啊！”

女人们相视一笑，点头如捣蒜。

我明白，老大哥想告诫我：少来夫妻老来伴。

如同身边无数寻常夫妇，年轻时吵闹半生，离婚常挂嘴边，五十知天命，收起了气盛与不甘，关切对方的健康，照料彼此的病痛，相扶相携走向人生终点。

身为女人，我为婚姻付出如此之多，当然也希望能够如他们一般，执手相伴，行至老年，得至善终。

但同时，我也会在能力范围内，给自己多买几份重疾和养老保险。

这其中的真相是：感情是种变量。

曾在都市情感剧中看过一个情节：

剧中的女人在婚前，要求先生去公证处做一份永不变心承诺。

剧外的女人看得齐齐咋舌。

这种承诺，别说公证处，老天爷也给你保不了。

木心的诗里说：从前慢，一生只够爱一个人。

有人神回复：但能娶很多妾。

其实我真心觉得，感情的变数，自古至今，始终不曾减少过。无论车马慢的从前，还是快餐爱的现在。

人传欢负情，我自未尝见。

三更开门去，始知子夜变。

聪慧的旧时女子，于千百年前，就比我们更懂感情中的变数。

才情纵横如鱼玄机，写下“易求无价宝，难得有情郎”，自此艳帜高张。

大义凛然如卓文君，慨叹“巴不得下一世，你为女来我为男”，后提笔，“锦水汤汤，与君长诀”。

就连千秋女皇武则天，也曾于感业寺写过“不信比来长下泪，开箱验取石榴裙”。

她们的心，爱过，也冷过。

这世间，任谁都无法掌控的，是人心和感情。

老公的姥姥已年逾九十。她年轻时读过书，不缠小脚，参加过革命，至今关心时政。即便如此，十年前在我的婚礼前夕，她依然拉着我的手语重心长地说：“现在的年轻人啊，动不动就闹离婚。我们那个年代哪有离婚的？谁要离婚，自己就先去跳井了。”

我们的祖辈和父辈，都习惯了用婚姻来定义人生的完整。

所有变数，忍忍都可以过去。所以婚姻对他们来讲，是稳定的堡垒，只要迈进去，无论春暖花开还是风霜刀剑，头不回，金不换。

那只是形式上的稳固。

婚姻从来都不是一劳永逸的事情。

古希腊哲学家说：世界上，唯一不变的，就是变化本身。

婚姻本就是动态的。婚姻的风险和意外也是动态的。

总有姑娘哭哭啼啼：明明那么深爱过，男人怎能如此凉薄，婚姻怎会这般脆弱。

感情走到最后，大多数是，男人沉默，女人不甘，非要打破砂锅问一句：你到底有没有爱过我？

得不到一个肯定的答案，便如暴尸街头死不瞑目。

有人说：你这么说，是因为你不相信感情。

不，我相信感情。

我经历过海誓山盟，也拥有稳定的感情和美满的家庭。

正因为相信感情，所以我更敢于正视感情本身的问题，接纳它天然的缺陷。

它不是合同，约定了权利义务就拉钩上吊一百年不许变。

它不是保险，一旦出现意外就按约定如数赔付。

它也不是储蓄，甚至连保本的承诺都不会给你。

当初做选择的时候，我相信他是那个无论我胖瘦美丑贫富贵贱，都会陪我到白头的人。

我愿意在爱情和婚姻里全情投入，交付信任。

真诚以待，也保持独立。

用心经营，也接受改变。

有锦衣温柔，也有铠甲加身。

因为我懂得，它从来不会因你拿到了通行证，就给你永久居留权。

也不会因你投入了青春、感情和精力，就让你高枕无忧稳赚不赔。

变化永远都存在。

我愿意付出最大的努力，也甘愿承担所有的风险。

爱着你，我会因爱成为一个更好的自己。

离开你，我也不会沦为苦大仇深的弃妇。

这就是我对婚姻的变化，唯一的态度 。

有人接你，手机也别卸载打车软件。

有人养你，卡里也要有自己的钱。

有人说宝贝我永远都爱你，也不耽误你读书、变美、健身、干事业、买保险。

亲爱的，爱不爱，婚不婚，永远别放弃自己的成长和增值。

女人不停往前走，靠的从来不是鸡汤，而是凭真刀真枪真本事。

活成更精彩、更强大的一个人，你才能不被变化打败，不被外力摧毁。

你才能坦然接受生命中那些不完美，拥抱情爱里所有的不确定。

你才不会卑微地向男人弯腰乞怜，也不必慌里慌张向婚姻要一劳永逸的安稳，亦无须迫不及待让爱情出示此生不渝的证明。

别怕变化。好的拥抱它，坏的干掉它。

你把自己活成锦，自会有人来添花

爱情是锦上的花，有所附着才鲜艳。
矫情是雪里的炭，烧完就只剩灰了。

我一个老闺蜜，前几年动不动就跟我吐槽：

“你说我要是一直嫁不出去怎么办啊？”

“你说现在靠谱的男人怎么那么难找啊！”

“你说我过了四十岁会不会生不出孩子啊？”

要不是看在多年情分上，我都想把她拉黑了。

我以前经常对她说：“就你这情况，先去赚钱，钱能解决你99%的问题，剩下的1%，是你有钱没钱都解决不了的。”

她总是狠狠呸我：“俗不可耐！”

没办法，在文艺老青年眼里，除了伤春悲秋风花雪月，别的事统统俗不可耐。

昨天她突然开窍了，在QQ上对我说：“我想通了，钱对我来说，何止能解决99%的问题，简直能解决100%的问题，因为其他的，我根本不care了。”

我隔着电脑屏幕对她微笑点头：“不是钱能解决你100%的问题，而是钱能治好你100%的矫情。”

难道不是吗？

变老有什么可怕的？变成一个身无分文的老穷鬼才是最可怕的啊！

一把年纪还没男人算什么？一把年纪还没赚钱能力才是真正的人间悲剧好吗？

那晚去创业的闺蜜家做客，在她的海景豪宅里喝了两杯红酒。她说，前几天，隔壁的大户型出售，她纠结要不要买。但后来想想算了，现在这个虽然不大，也够住了。

碰杯时她调侃：“什么海景豪宅，晚上睡着都一样。”

拉倒吧，那能一样吗？

比尔·盖茨退学，但人家退的是哈佛。我等之辈连哈佛大门朝哪都没见过，有资格退吗？

“我愿意这样”和“我只能这样”，这是天壤之别。

没错，人无论有钱没钱，都有烦恼。

但是烦恼和烦恼是不一样的。

这位闺蜜，她现在的烦恼是：去欧洲出差太频繁，只有在暑假才能带上女儿同去；公司计划五年内上市，后续的融资计划还没敲定；精英人才短缺，猎头招聘总不给力……

我说，如果换成你十年前的条件，你现在恐怕要操心能不能买上学区房，孩子户口落哪里，父母医药费报销比例那么低，进口药能否一直吃得起……

你看，烦恼是有贫困标准线的。

同样，幸福也是有贫困标准线的。

这个年代，我们这些女人，最好别指望嫁个男人就能“他负责赚钱养家，你负责貌美如花”。

生活质量的提高，赡养老人的义务，抚育孩子的责任，从来都是夫妻共责。

我相信平平淡淡也是真爱，但前提是，先满足生活质量的基本要求。毕竟，卓文君跟司马相如当垆卖酒，并没持续多久就被土豪爸爸接回家了。

故事里王子和公主从此过上幸福的生活，只要不闹出什么幺蛾子，有城堡田地不动产，小日子是没问题的。

而为了生计奔波挣扎的人们，随便生个病都能让你一夜回到解放前。

想到这些，是不是虎躯一震：这世上除了生死和赚钱，别的都是小事。

网上有个经典段子：

忙是治疗一切神经病的良药。一忙，也不伤感了也不八卦了，也不花痴也不撕逼了，平静的脸上无悲无喜，只隐隐约约写了一个“滚”字。

真的，女人的矫情，太多都是闲出来的。

那些又美又忙又有钱的女人，绝不会浪费大把时间花在无用的情绪上。

《欢乐颂》里，曲筱绡家财万贯都能开着小Polo，白手起家从头创业。

过春节，她一个人飞到国外找生意。

谈客户，她准备资料不眠不休全程陪同。

最怕的不是富二代，而是富二代比我们更努力啊。

赚钱最大的意义，是让你不必因为钱而接受不爱的，也不必因为钱而离开真正爱的。

So，你还要继续把时间浪费在“他为什么不爱我”的追问上吗？

你还要继续把光阴消耗在为赋新词强说愁的拧巴上吗？

你最应该做的，难道不是活在当下，好好赚钱吗？

刘瑜曾经说过一段话：

“女性都太容易沉溺于爱情这档子事了。得不到爱情时就天天叹息，失去了更要叹息，就是得到了，也不知道怎么搞的，好像总不是她想得到的那个。从十几岁到几十岁，个个都是职业恋爱家，每天翻来覆去讲她那点破事……有时候我真搞不清女人是真的被上帝陷害成这样，还是用爱情来逃避更大的社会责任与更浩瀚的自由。”

简直不能更赞同。

关于爱情，有人说：你不要找，你要等。有人说：你不要等，你要找。

被搞蒙了的妹子一个劲地问：“我到底该找还是该等？”

我只想告诉你：愿意找就找，愿意等就等，别耽误赚钱就行。

一个女人真正成熟的标志，就是分得清爱欲、情欲、物质欲，双管齐下多腿并行，懂得了人生苦短三万天，再也顾不上瞎矫情。

男人不爱你，你辗转反侧夜不能眠。

可有那么多钱还没赚到，你是不是更该急得睡不着觉？

女人太缺乏那种“见钱眼开”的精神了。

别急着问我怎么能赚大钱，我没有一夜暴富的秘籍。

我只能告诉你——

把你为情所困的时间，用在学习上。

把你为爱痴缠的精力，用在工作上。

把你柔肠百转的工夫，用在勤奋上。

把你纠缠死磕的劲头，用在精进上。

你的收入，起码能比现在翻个番。

爱情是锦上的花，有所附着才鲜艳。

矫情是雪里的炭，烧完就只剩灰了。

相信我，你把自己活成锦，男人、爱情、友情都愿意来给你添上花。

若你曾经奋力挤胸，愿你从此心口写勇

所有看上去的毫不费力，都有暗地里的拼尽全力。
外人眼中的潇洒如风，背后都有殚精竭虑来成全。

2016年圣诞，我用仅剩的年假，去捷克浪了一圈。

一回来，就收获了女友们的集体艳羡："羡慕啊！我也好想来一场说走就走的旅行！"

可拉倒吧。

我可从来都没有"说走就走"的旅行。你们只看到我拖着行李箱大步流星任性洒脱的背影，只看到我朋友圈里的天文钟、查理大桥、圣维特大教堂、泰尔奇小镇冰雪童话，你们根本没看到我为这场出行所做的数日之功啊。

我提前一周做完业绩数据分析，写完工作总结，提交领导，向下属确认好正在执行的方案进度，把所有的工作尾巴收拾完。

我用了两个晚上，跟老公沟通好儿子考试前复习的主抓重点，周末课外班的注意事项，交代好厚款薄款保暖衣、羽绒服的存放位置，书面列出八条备忘录。

我把家中的水电煤气费用交足，信用卡提前还款，叮嘱老爸按时吃降压药，把正在路上的几个快递信息交代给公婆查收。

你看，对于已婚女人来说，“说走就走”的潇洒根本就是骗鬼的。不提前安排好所有事，你哪也走不了。

那个原本羡慕到不行的妹子听完，当即像泄了气的球：“唉，好麻烦。你原来多逍遥啊。”

另一姑娘也吐槽：“对啊，想想你这么麻利的人，现在却天天忙成这样，这日子怎么过啊！”

就这样，我在她们心中的女神形象，“叭”的一下掉地上摔个稀烂。

其实我一点都不意外。当年我还是一只单身汪的时候，也是这么想的。

那时我二十出头，听已婚同事们描述下班后陀螺般的生活：先去婆家把孩子喂饱，自己匆匆扒几口饭，接孩子回到自己家，陪他玩，喂他吃水果，给他洗澡，哄他睡觉，然后做家务，洗衣服，再一抬头，墙上的表指向十一点，赶紧洗漱上床睡觉。第二天，周而复始。

我心中暗暗嘀咕：打死我也过不了这种日子。

现在呢，我不但过上了这样的日子，还过得热火朝天挺起劲。

这就是那句话：打不倒你的东西，都会让你更强大。

我曾经任性过。

青春年少，我暗恋，逃学，看言情小说，沉沦在情天恨海。

单身时光，跟死党们泡吧K歌醉酒蹦迪，一夜玩四场。

结婚之后，一言不合就开战，吵完后开车出走，我一脚油门直上高速，三小时后到另一城市约闺蜜喝茶聊天。

初为人母，我为了逃避琐碎烦乱，拎起行李就出差，一走半个月不露面。

我总是在不如意的某些时刻，恨不得抛弃所有，飞奔到天尽头。

我常常幻想，我的生活只是一个长长的梦，某天突然醒来，发现我是另一个人，过着另一种截然不同、炽热浓烈的人生。

所以，我会恐慌、害怕，不愿正视年龄的增长，唯恐随着青春流逝，而失去任性的资格。

年过三十我才肯去思索为什么。

其实是，我自卑、脆弱、迷茫，只好拿任性来与现实对抗，我错把任性，当作了自我。

今年是我的本命年。春节之前，闺蜜催着我，一定要去商场买套红内衣。

我选了两款：柔软、轻薄、无钢圈。

她看后取笑："没有深V，不够聚拢，一点也不性感。"

但是舒服啊。

到现在，还有什么比健康舒适更重要？

我已经过了为一双好看的高跟鞋而忍受磨脚痛苦，为臭美而让双腿暴露于寒风中的年龄。

曾经我们都拼命用罩杯挤胸。

现在我们都学会在心口写勇。

看看身边女友，个个越来越像女战士。

梅丽尔·斯特里普说："我不想再多花一分钟在说谎或操控的人身上。我决定不再与假装、伪善、欺骗，或是廉价赞美共存。我没有耐心去对待那些不值得我有耐心的人。"

闺蜜对我感慨："你信不信，这是另一种任性。区别只在于，年轻时一无所有的任性，是无知和莽撞。有资本、阅历与实力之后，对自己、对他人负得起责任的任性，才是魅力女人的特立独行。"

是的。许多人和事，都会被岁月洗礼后升华。

那些当年任性过莽撞过的女人，越到中年，越坚信努力奋斗和自我实现的意义。像举重若轻的鸭子——脸上怡然，脚下奋力。

对自己负责任，不羡慕任何人。

所有看上去的毫不费力，都有暗地里的拼尽全力。

外人眼中的潇洒如风，背后都有殚精竭虑来成全。

现在的我，真正想要的，是可以脚踏实地用认真和努力去交换，可以在自由与自律间随我意志支配的生活。

我得到的，与我的能力相匹配。

我付出的，是心甘情愿而为之。

我失去的，在我可承受的范围内。

这就很好。这就值得。

我不再自我怀疑、自我否定，也不再浪费时间去纠结、挣扎、愁肠百转。我只想拥抱每一个当下，享受每一次变化，珍惜我所拥有的每一点微小的喜悦和快乐。这就是成熟和磨砺带给我的最大、最宝贵的所得。

我知道，我不是不能任性，而是已经不想任性。

我早已不渴望什么奋不顾身的爱情、说走就走的旅行。

我只想认真、踏实地安排我的生活，规划我的人生。

我们终于被岁月教会了——为他人着想，为自己而活。

只因这世上，我们有多少爱，就有多少羁绊和惦念，就有多少牵挂和不舍。

不再任性，不意味着放弃自我。我们依然可以特立独行，带着那些爱的责任与使命。

Chapter 2

只因我们一样为爱颠簸在红尘

没有哪份感情不是千疮百孔。婚姻这袭袍，从来都爬满虱子。

它不只是男女间的博弈，更是智慧的角逐。

它像一面镜子，折射出的其实是人生的态度和格局。

爱情中比穷更可怕的是男人没有担当

先定个小目标吧，要踮踮脚、要努努力，才够得到。
那是一颗颗带着希望的鹅卵石，
看似不起眼，攒多了，就能铺成通向未来的路。

多年前有人问我，是什么让我苦撑八年，熬过艰难的异地恋，最后舍弃一切奔赴青岛，与初恋走进婚姻。我未曾细想，大致觉得，就是因不舍这份感情吧。

直到前段时间搬家，一张纸从一大包陈年旧信里滑出。

那是十年前，在我们异地恋面临艰难抉择的阶段，老公做的一张计划表。

那时我们没有房子，没有钱，除了青春一无所有。我又是一个彻头彻尾的悲观主义者，青岛的繁华喧闹、不可企及的房价、高昂的生活成本、工作调动的难度，一系列的困难，件件都是横在面前的高山大河，让我忧心忡忡。谁也不知道怎样才能结束这种日子，才能走在一起，安下一个家。

在我最焦虑迟疑的时候，他寄了这封信给我。

理科男用尽毕生所学，做了一份关于未来的规划表。包括我们目前的收入及未来五年的增长幅度，他考研成功后的发展机会和空间，三年内租房与买房的成本测算、利弊分析、压力风险，关于我和未来孩子的户口解决，关于以后购车的预期和打算……

另附一张卡片：让你相信我的爱只肯为你勇敢。

结婚近十年的今天，我才意识到，当年他定的这些计划和目标，是我们风雨飘摇里的定海神针，让我看见未来有微弱的光，而为了这束微弱的光，我甘愿与他吃很多的苦，走很长的路。

后来的若干年，尽管我也有过诸多抱怨和不满，但回望来路，我们的确靠着点滴微小的努力，在这城市扎根生存，调动工作、解决户口、买房买车、养娃尽孝，把小家一点点置办起来，把生活一天天过起来，把苦日子变甜，将人生升级。

我很少看情感调解节目，去年偶然看了一期。

姑娘与小伙都是北漂族，他乡遇老乡，彼此关照，便水到渠成地谈起恋爱。姑娘勤劳朴实，踏实能干，两年半的时间在单位做到了小主管。小伙跳了三次槽转了两次行，仍不尽如人意。姑娘嫌他不靠谱提出分手，小伙伤心又愤怒："你自己混好了就嫌我了呗！"

节目现场，姑娘不卑不亢和盘道出：

"我不在乎你穷，也不是因为我自己有了发展就看不起你。但你这两年时间，什么工作都虎头蛇尾半途而废，成天说自己会挣大钱，早晚能发财，但你做了什么呢？在单位被领导批两句，就跟人家吵架然后闹辞职。朋友介绍你去当保安，你嫌职位低，说朋友故意寒碜你。你眼高手低还总想着发大财，我就受不了你这点。"

小伙反驳："当保安能有什么前途？现在干什么不得讲平台？我不正忙着拓展人脉吗？"

大屏幕上打出一张照片，小伙坐在车里，戴着墨镜手握方向盘，乍一看还挺有范儿。

主持人问："已经买车了是吧？"

姑娘拆穿："拉倒吧。他成天去4S店闲逛，一有机会就钻车里自拍，然后发朋友圈。"

小伙辩解："出去交朋友不得有身份吗？否则谁跟你交往啊？我不得包装一下自己吗？"

……

后面我没再看下去，敢肯定的是，想复合肯定没戏。

不管是不是节目为了收视率找来的演员，至少我认同这个观点：不靠谱的空想青年，爱不起。

男人都有英雄梦。他们渴望未来的自己呼风唤雨无所不能，香车宝马，游艇豪宅，自己的女人就是夫贵妻荣的阔太太。

这样的梦偶尔做做无妨，但醒来总要正视现实，回归屌丝身份，该奋斗就奋斗，该加班就加班，该吃泡面就吃泡面。

女人对男人的绝望，全都来自于看不到希望。

那个号称爱你爱到骨头里的男人，任你生理期双手浸在冷水里洗一堆狼藉杯盘，自己抹抹嘴就去玩游戏。

这个声称一定要将你娶回家的男人，不进取，不储蓄，不开源，不节流，只顾自己得过且过月月光。

这个发誓让你过好日子的男人，对未来不设目标，毫无规划，盲目坚信车到山前必有路。

也许他的爱是真的。但他对现实的懒散逃避也是真的。

刘若英的歌里唱：想要问问你敢不敢，像你说过那样地爱我。

一个女人与一个男人白头到老此生不渝的决心，绝非一瞬促成。她执子之手与子偕老的决定，来自于共同奋斗的路上，点点滴滴的希望、温暖和感动。

可惜，那些看似雄心壮志抱负满满的人，不过是一个只会吹牛皮侃大山夸海口的无能鼠辈。他们貌似志向远大，其实是逃避现实。他号称爱你如命，却天天睡到日上三竿。他以为自己是有朝一日同风起的鲲鹏，实际上只是邋遢的鬣狗，懒洋洋啃噬爱情的腐肉。

给不了你现在的人，同样给不了未来。

女人的心死，根本不是因为对方穷。比穷更可怕的，是那个满口是爱的人，不思进取，不做努力，不为爱付诸任何行动。

这世上，的确有处心积虑凭借嫁人就此跃入豪门一夜逆袭的凤凰女，也有绞尽脑汁钓白富美变身乘龙快婿从此改写命运的屌丝男。可更多的，还是你我这般平凡的红尘男女。

爱情进入成熟模式，两人就必须要有共同的目标、方向和担当。我们眼中的过日子，小到发了工资添置一对新杯子，大到攒够首付买一套新房子，人生的小确幸，无非是由一次次攻坚克难后实现小目标的成就感组成。租房照样能结婚，没钱可以一起赚。我看中的，是你对未来有规划，这规划里有“我们”。

我很佩服公司一个小伙，小两口皆来自外地，无所依傍，他们给自己定下目标，几年内收入达到多少买房，年薪达到多少购车，然后为这个目标加班、充电，储备积蓄和能量，在这陌生城市付出胼手胝足的努力和比常人多百倍的打拼，终于筑起小小爱巢，遮风挡雨生火做饭，日子过得热气腾腾。

《荀子·劝学篇》里说：不积跬步，无以至千里；不积小流，无以成江海。骐骥一跃，不能十步；驽马十驾，功在不舍。

我发现那些有能力让自己幸福的人，从来不夸海口，不打妄想。他们脚踏实地规划未来，将大蓝图拆解成阶段性小目标，一点点靠近和实现，像春燕衔泥，像蚂蚁啃骨。

如今的我，早已没有了少女的虚荣与虚妄，没有天上掉馅饼闷声发大财的幻想，更没有功成名就彪炳岁月的野心。认认真真工作，踏踏实实码字，赚安心的钱，睡沉稳的觉。要求自己每天进步一点点，每年提升一个台阶。

无论爱情或婚姻，罗马城都不是一日之功。那些高喊着死了都要爱的小情侣，别光空口说爱，你肯为爱付出多少呢？你为爱的人做过什么呢？

别画饼充饥，也别望梅止渴。先定个小目标吧，要踮踮脚、要努努力，才够得到。那是一颗颗带着希望的鹅卵石，看似不起眼，攒多了，就能铺成通向未来的路。

不积跬步，无以至幸福。

别让你的婚姻，败给恶魔

爱情之所以美妙，是一个天使爱上另一个天使。
婚姻之所以恶毒，是一个恶魔勾出另一个恶魔。

十一长假期间，我头脑一热报了个省内当日往返的亲子游。因为高速大堵车，原本往返四个多小时的路，生生走了九个小时。满车人叫苦不迭。

去程时，我与儿子坐在一起，老公与另一小孩的爸爸坐右侧第一排。那小孩和妈妈坐在左侧第一排。

返程时，老公提出与我换位子，我便坐到了第一排去。

然后这一路，全在听小孩妈妈不停地抱怨爸爸。

起因只是，这男人忘了退还景点储物柜的钥匙，临开车前又急匆匆赶回去，好歹退回了两百块押金。

一上车，女人就开始数落："你就是猪脑子，成天办这种事，去年去滑雪，你不也是忘了退押金，你这种人就不该出门，还不够跟着你上火的……”

男人不服，反唇相讥：“你不用光说我，好像你没办过这种事似的，上次去采摘，是谁算错了账多花了一百块钱？你怎么不说你是猪脑子……”

“我那次情况和你不一样，而且后来我去要回来了啊。”

“我今天也去要回来了啊，又没损失，你叨叨个什么！”

“你办这种蠢事还不让人说啊，有本事你别办啊！”

“行了闭嘴吧。”

他们的孩子很快也开始烦躁哭闹：“烦死了，你俩吵够了没有啊！”

为这点事，他们整整辩论了四个多小时，中间掺杂了无数陈芝麻烂谷子。

终于挨到青岛。下了车，我头痛欲裂。

说与老公听，他说：“你知道我为什么和你换座位了吧？去的路上，那男人叨叨了女人一路，嫌昨晚给他早拔了电源插头，导致他的充电宝没充满电，整整唠叨了一路啊，我实在是受不了了。”

看，这世上，夫妻就是螺栓配螺母，都是成套的。男人身上有女人的烙印，女人身上有男人的影子。

我曾经在感情中特别较真固执，无理争三分，得理不饶人。谈恋爱时，每次都是老公争不过我败下阵来，赔礼道歉，我还要多番折腾才罢手。

这习惯被我沿用到婚后，发现越来越不管用。

越不管用，我就加大力度变着花样更作。

越是作，男人就越敷衍塞责。

儿子三岁那年冬天，一次闲聊时老公对他说："明年你大一点，爸爸就带你回内蒙古看大雪。"

我当即从沙发上蹦起来："不行！他才多大？这么远的路，那边零下三十多度，这么小哪受得了！"

他说："我只是说明年看看情况，又没说一定去。"

"看什么情况？什么情况也不许去！"

"我只是说想带他去……"

"想也不准去！"

"那我就偏要带他去！"

"你敢？看把你能耐的，我是他亲妈，你敢带走他试试？"

就这样，我又一次成功地把一场无关紧要的闲谈，变成了一场唇枪舌剑的恶战。

最后的结果是，儿子被吓哭了，被我爸抱进屋去。我妈听不下去了，把我臭骂一顿。而我把这一切都归咎于老公的自私和自我，恨恨地盘算着如何变本加厉找茬报复。

半夜我余怒未消，非要把他从被窝里拎出来掰扯清楚："你一个男人跟我犟算什么本事，争赢了很爽吗？有能耐出去争，别在家跟我耍横！"

他叹口气："你还是没明白。你是儿子亲妈，你要说因为气候怕孩子受不了，我肯定尊重你的意见。但你非要一口一个'不许去'，就把我那股倔劲也勾上来了，你越说不让去，我就越说非要去。"

我想了想，换作我是他，也会这么做。

恶性循环就是这么来的。

刚满三十岁的时候我曾在一本书里看到一段情景描述——

一次公开场合上，男人正要对某事表达自己的观点，而他太太嫌他啰唆，厉声呵斥：你直接说重点！

作者说，那晚她再也没敢看那位先生的眼睛。

我当时不解，因为这情形在我的生活里再寻常不过，这有什么错？他就是啰唆，就是表达不清，就是缺少逻辑啊。

但我现在懂了。婚姻的裂痕都是从一方倾泻不满、发泄积怨、不考虑对方感受开始的。另一方在这种刺激下，要么萎缩，要么应战，两人注定渐行渐远。

人性里都有天使和恶魔。

爱情之所以美妙，是一个天使爱上另一个天使。

婚姻之所以恶毒，是一个恶魔勾出另一个恶魔。

当流年暗换，激情成为一盘冷掉的香灰，甜蜜成为一杯温暾无味的白开水，恶魔悄悄战胜了天使，让昔日深情以最冷漠最尖锐的方式呈现出来。

这些年，我时常以婚姻最低谷的那个时期作为样本，去剖解去反思，终于肯承认那几年，是我的不依不饶促成了他的争辩，我的咄咄逼人造就了他的敷衍，而他的争辩和敷衍又反过来催化了我的不满与不甘。

和如今那些深夜给我发微信倾诉的女人一样，我当初并不曾意识到这一点——受害方恰恰是施虐方，诉苦者恰恰是始作俑者。

那些溃散的感情，那些濒临死亡的婚姻，外人很难去评定，到底是男人太弱，把女人逼成了女汉子；还是女人太强，让男人日渐萎缩；到底是女人唠叨让男人愈发逃避和懒惰，还是男人好吃懒做让女人成了黄脸婆。

但后果都是一样的——他们纵容了内心的恶魔，任它们厮杀、殴打、冷战，最后两败俱伤，感情血淋淋，内心冷冰冰，最后终于成了一对最熟悉的陌生人。

婚姻越往后走，我越深切地感觉，一段感情的经营中，女人才是引领者。引领这段婚姻走向健康成熟，引领两人在修行路上被重新塑造重新修订。

没有哪份感情不是千疮百孔。婚姻这袭袍，从来都爬满虱子。它不只是男女间的博弈，更是智慧的角逐。它像一面镜子，折射出的其实是人生的态度和格局。

这世上，那些愿意彼此成全的夫妻，不外乎是愿意承受一些委屈，放出天使，给对方包容、安抚、呵护。即使在怒火中烧千钧一发时刻，也肯深呼吸几下，控制心中的恶魔，别让它任性冲动为非作歹。

容易幸福的婚姻，是两个人懂得如何摸清对方脉门，避开雷区，适可而止，不把对方逼到死角，给别人留有余地。

这就是为什么，我越来越少地强求别人，越来越多地精进自己。

我知道岁月曾刻薄相欺，生活有风雨凄迷，但我仍珍惜我们曾经的锦瑟韶光江湖两忘。如今紫陌红尘，今夜疏影横窗，此生还想共你唱。

最狠的妇人心，皆因最冷的负心人

这世界永远是先谋生再谋爱。
我不是教你狠，这只是活着的成本。

近半年，我一直在一个老同学拖拖拉拉的离婚事件里充当着情感驿站，断断续续收听她的实况进展。

原因仍是最烂俗的那个——男人有了小三。

她老公是个外人眼里的好好先生，三年前因公司新项目接受外派，长驻南方。

今年春节过后，她“意外”地发现了老公出轨的事实。当然，这“意外”是小三策划的，故意放出痕迹，让这位正宫娘娘抓狂。

她不出所料地抓狂了，哭闹着逼迫男人交代了来龙去脉，结果更傻眼——男人已经和小三同居一年多了。

她以一副古装剧里标准的不受待见的大老婆形象出现在我面前，

蓬头垢面，一脸蜡黄，顶着俩黑眼圈。一见面就恨恨地说：“男人太会伪装了，他们在一起睡了这么久，我竟然现在才知道！”

这就是李碧华说的：情变次等的幸运是，二人情变，有力难挽，他早早让你知道，几乎是一发生便告诉你，不浪费彼此的精神力气，死心后觅一条生路，若你最后一个被通知，才是双重侮辱。

可偷情的男人都不傻，怎么肯一发生就告诉你呢？

万一你一哭二闹三上吊，找完公婆找领导，他丢人丢份从此永无宁日。

万一你跟他拼个鱼死网破，他赔了家庭又折兵，没准还搭上半条命。

更何况，妻不如妾妾不如偷，他并不打算离婚，只是享受游走在不同女人床笫间的刺激而已。

但是，男人出轨一次两次，女人会蒙在鼓里，跟人睡了这么久，女人还发现不了任何蛛丝马迹？我是不信的。

我问她：“你回想近一年时间，他就没有一点异常表现？”

她摇头：“他两三个月才回来一次，装装样子当然容易。”

捉奸这事我没实战经验，但没吃过猪肉还没见过猪跑？

我给她列举几条——

比如，他往家里打电话的频率是不是越来越少？你打电话给他是不是经常不接？接起来也借口说忙，敷衍两句草草挂断？

比如，几个月回来一趟，不主动与你亲热，住几天就说有事匆匆赶回去。

比如，各种借口不让你去他的城市，你去了也毫不热情，两天就赶你回来。

比如，原本月月上交的工资，开始不按时了，变着法儿私藏小金库。

比如，对你越发不耐烦，各种挑剔各种嫌弃，横竖看不顺眼。

……

她想了半天说，是有类似的苗头。

“有那么一瞬间我也怀疑过，但想想他那种老实巴交的木头，要钱没钱要貌没貌，能跟谁出事？我当时就那么一想，也就过去了。”

你看，只有马大哈的女人，没有不心虚的贼。

她不是没察觉，她是本能在拒绝。

她不是不能信，她是主观上不愿信。

人必自辱，而后人方辱之。

女人必先自欺，然后才被人欺。

女人的笨和蠢，不是智商，而是在这些原则问题上没立场。掩耳盗铃、讳疾忌医，就是不肯动动脑子把事实理一理。明明看出了端倪，还偏要毁尸灭迹。

所以，男人出轨，声称自己是最后一个才知道的女人，其实未必，她只是最后一个肯承认罢了。

为什么？因为她们怕。

怕沦为弃妇颜面尽失，怕婚姻围城轰然倒塌，怕平静生活从此改写，怕自己无力承担后果，更怕的是，看清这个男人的花心和无情。

于是她们自动开启傻瓜模式，将可疑信息自动屏蔽，不想，不理，继续自欺欺人地过下去。直到事情败露，小三挑衅，男人摊牌，人言如沸，场面不可收拾，又开始叫苦连天，悔不当初，饮泣成恨，悲从中来。

我不是鼓动女人们都要有神经质和疑心病，动辄疑神疑鬼不依不饶，闹得人仰马翻不得安生。我只想说，在出轨比出国还方便一万倍的今天，婚姻真的不再固若金汤。

永远别低估自己的第六感，直觉告诉你有问题，十有八九就是有问题。

我也不是要你草木皆兵杯弓蛇影，不是让你头脑一热就去瞎闹。我更想说的是：兵马未动，粮草先行。既然要做，就要想好真相揭穿后怎么办。

其实，一旦出轨是既成事实，原谅和放弃，哪条路都不容易。

西汉司马相如想纳妾，卓文君大义凛然作一首《诀别书》，一句“锦水汤汤，与君长诀”，直接给大才子灭了火。民国胡适与文青表妹同居，江冬秀一手扯过一个儿子，菜刀架在脖子上，以命相搏，让胡大师死了心。

但那是她们，不是你。

若想打婚姻保卫战，就去做最大的努力，拿出实际行动，用点心机手段，看男人是否诚心悔过，断绝关系，再去用心经营，修复感情。但你要明白，所有复合的前提，都基于你们还爱着。

若气数已尽无可回头，那就省去哭的力气，为自己找好后路，启动Plan B，时间成熟就和平分手，把对父母孩子的伤害降到最低。

若渣男行径令你忍无可忍，那就不动声色搜集证据，请好律师，找准时机直中要害，将主动权牢牢握在自己手里，为自己多争取一点利益。

这世界永远是先谋生再谋爱。我不是教你狠，这只是活着的成本。

婚姻需要睁只眼闭只眼。但闭的，应该是鸡毛蒜皮无关原则的那只。而睁着的，永远是心明眼亮保持理智的那只。

如果你搞反了，那离狗血剧情就不远了。

男人出轨未必是你的错，而在祸患之初不作为，纵容星火燎原，默许事态发展，还自以为是智慧和大度，那一切就是你的错。

不是有个段子吗——男人为什么讨厌女人猜疑？因为她们猜得太准了。

别以为女人弱不经事，大敌当前，她们分分钟能变身福尔摩斯。

也别扯什么天下最毒妇人心。最狠的妇人心，皆因遇上最冷的负心人。

只因我们一样为爱颠簸在红尘

智慧的女人，懂得尊重男人，也懂得欣赏女人。
她们能给男人喝彩，更愿意给女人掌声。

迄今为止，我在公众场合被人骂过两次。

第一次是大学期间，与同学在公交车上，一大妈嫌我俩聊天打扰了她睡觉，用极其难听的话骂了我们，最后补充："别以为年轻就了不起，告诉你，你们都会有老的那一天！"

第二次是去济南参加招聘会，在半夜返程的火车上，一年轻女子要我和她换位置，我不肯，争执起来，她骂："脾气这么厉害，以后肯定嫁不出去，没男人会要你！"

当时，我只觉得愤怒。

今年春天与朋友乘大巴出游，在车上听后排两女子指着窗外议论："这女的，长这么丑还开保时捷，白糟蹋了这车。"一会儿又说，“看这小妞儿，年轻轻开奔驰，不是做鸡就是二奶。”

此刻，我只觉得悲凉。

同性相轻。女人攻击起女人来，比男人更恶毒百倍。

曾在楼下超市见两个女人因买一棵白菜谁先称重而争执起来，起初还能围绕着谁应排队的主题，后来演变成了出口成脏的谩骂，她们用夹杂着生殖器官的各种动词直接攻击了对方下体，用各种污言秽语诅咒了彼此的祖宗八辈七姑六姨。

一旁围观的，不乏暗自叫好和窃笑的男人们。

身为同性，我只替她们感到尊严扫地。

自古至今，从深宫夺宠波谲云诡，深宅大院妻妾争斗，到为职场上位不择手段相互诋毁，再到同一屋檐下婆媳开战硝烟漫天，小三鸠占鹊巢正室公开反击……女人间的撕逼大戏从未停止。

现在，谁再给我发“大奶当街扒光二奶将其暴打”“女大学生群殴女同学逼拍裸照”之类的视频，我都拒绝打开。

那是女人的耻辱。

男人为什么看不起女人间的友谊，为什么敢肆无忌惮地出轨，为什么敢明目张胆地同时撩两个闺蜜，为什么敢在婆媳矛盾中毫不作为？

因为太多女人，只会把刀尖指向女人，只会比男人更无情地为难女人，践踏女人。

她们缺少自信，不爱自己，对男人依附讨好，却又活得怨气横生，只好转头对女人刻薄狭隘、充满仇视。

她们把同性当作天敌，动辄争斗开撕，不惜侮辱打压，却让男人坐山观虎斗，尽收渔翁之利。

辛晓琪有首歌：女人何苦为难女人，我们一样有最脆弱的灵魂。

时至今日，我才终于明白那两次骂我的女人，是什么样的心态。

她怒骂我终会老去，是因为她将老去作为女人最悲惨的结局。

她诅咒我嫁不出去，是因为她把嫁不出去视作女人最凄凉的后果。

她们咒骂的，就是她们心上最深重的怨毒。

而恰恰是这句，暴露了她们最胆怯也最心虚的那一面。

人在炫耀的时候，最爱显摆的，恰是心里最缺的。

人在发泄的时候，嘴上骂的，正是心里最怕的。

不信你看她们，哪个脸上没有阴鸷，哪个心里没有怨毒。她们宁可忍受男人，也不肯认可女人——

颜值高就一定是去韩国整了容。身材好就一定是去医院隆了胸。

有财富的，不是亲爹给的就是干爹给的。有事业的，不是睡她的人厉害，就是睡她妈的人厉害。

职场平步青云的，肯定是上了老板的床。生意风生水起的，必然是出卖了皮肉和色相。

她们为什么不肯相信一个女人可以凭自己的努力得到这一切？

因为她们自己做不到，就坚决不信别人做得到。

就像那些劝你赶紧找个人凑合嫁了的女人，因她最怕孤独终老，打死都不相信一个人也能过得好。

做妻子的，拿男人没辙，只好当众羞辱小三泄愤。

当小三的，毫无廉耻，反叫嚣正房不识时务。

当婆婆的，不教导儿子担当责任，只怪罪儿媳娇生惯养好吃懒做。

做媳妇的，不学习婚姻经营之道，只抱怨婆婆倚老卖老插手太多。

女人们悄然转移了自己的责任，找别的女人做了代偿品。将对男人的怨怒，对自己的懊恼，纷纷投射给另一个女人。恰恰也是她们，让男人轻易地躲过了责任，逃避了担当，卸下了罪责。

专门为难女人的，都是最low的女人。

某次和闺蜜参加一个饭局，席间讲起我们最羡慕的女友W姐，夫妻事业有成，婚姻幸福美满。一女人张口便反驳："肯定是装的，没准她老公早在外面有女人了。”

我与闺蜜面面相觑，无法接话。

一句话，格局心态，立现高下。

因为她不信自己配得上更好，所以无法接受别的女人过得更好。

年少时我看一个女人，是看她被多少男人喜欢。

成年后再看一个女人，是看她被多少女人喜欢。

因为熟女明白，被多少男人喜欢再也不是衡量女人魅力的终极标准。

我更愿意结交那些拥有正能量的闺蜜圈子，给予接纳和鼓励，彼此扶助一起成长的女人。

朗达·拜恩的著作《秘密》里提到：你当下的思想正在创造你的未来。你最常想的，将会出现在你的生命里，成为你的人生。

吸引力法则就是“同类相吸”。当你有了一种思想，你就会吸引同类的思想过来。

王菲赵薇刘嘉玲的闺蜜圈，不只因身价相当，还有同等的格局、气度、思想和自信，才是高山流水遇知音。

女人与女人，不是天敌。应该是战友，是盟军。

我愿意从千姿百态的女人身上，发掘更多值得学习、敬佩和赞美的闪光点。

我也愿意，对那些历经心碎神伤苦痛绝望的女人，给予一份疼惜支持和力量。

因我们同为女儿身。因我们一样为爱颠簸在红尘。

若我们不能怜惜同性，便无法悯恤自身。

若我们不能对女人宽容，便无法对自己慈悲。

智慧的女人，懂得尊重男人，也懂得欣赏女人。她们能给男人喝彩，更愿意给女人掌声。所以她们从不乏异性的追捧，也从不缺同性的认同。

把男人当作学习目标，把女人作为同盟队友，相互扶持，彼此鼓励，齐头并进，铿锵向前。一起活成更好的模样，这才是女人应有的姿态。

花钱都花不到一块去的人，千万别结婚

恋爱是琴棋书画诗酒花。
结婚是柴米油盐酱醋茶。

段子手闺蜜在群里转发了一句：

“我已经不是那个花五十块钱也要考虑很久的小女孩了……我现在连五块钱都要深思熟虑。”

我们齐齐发来丧心病狂的“哈哈哈”表情包。

笑过之后，突然想起一件事。

曾有个姑娘对我说：“姐你知道吗？两个人在一起，比起赚钱多少，花钱多少更让人糟心。”

她结婚不到一年就离了，原因就是永远无法契合的消费观。

恋爱时她知道男方是穷苦出身，小伙子非常俭省，消费极低，他的节俭，在她眼里是难得的美德。

结婚后却发现，他不只是节俭，简直是抠门。

能不买的，坚决不买。

能占的便宜，决不放过。

能不花的钱，打死不花。

她希望住市区，生活上班都方便。

他要求住郊区，房租可以省一半。

她买一提卫生纸，比超市促销贵五块钱，被他数落了一下午。

他不肯装宽带，说蹭邻居家的网就够了。

……

最后她说："我必须离婚，我不想变成和他一样，花五块钱都要深思熟虑的人。"

我们常说，三观不合的人，不要结婚。

怎样才算三观相合？

我们这种凡夫俗子平头百姓，不是天天都要讨论江山社稷国计民生，也不是时时需要探讨马哲文史黑格尔。

两个人合不合适，落实到过日子的细节上，无非就是——

吃饭吃得来，聊天聊得来，花钱花得来，床上合得来。

花钱这事，太有必要聊一聊了。

前些天收到一个姑娘的留言，男朋友对她挺好的，唯一让她不悦的就是，每次一起出去吃饭，他只点很便宜的菜，花费从不超过三五十块钱。姑娘觉得应该吃得稍好一点，同时也感觉自己不受重视，在他这里好像只值三五十块钱，很郁闷很纠结。

平心而论，小伙节俭有错吗？并没有。

姑娘讲究品质有什么不对吗？也不是。

差别在于，他们对消费的定位和要求不同。

小伙未必是认为姑娘只值三五十元的快餐，他只是觉得吃饱穿暖干净卫生就挺好。

姑娘也未必就多么爱慕虚荣，她只是认为有条件就应该花钱买享受买情调。

我们都听过很多关于“爱与金钱”的道理，比如：

不舍得花钱的人就是不爱你。

男人的钱花在哪，心就在哪。

检验真爱的标准就是看他肯不肯给你花钱。

……

一个人的金钱观和消费观，是三观里不可分割的组成部分。

恋爱时，花钱貌似只是一种习惯，在情侣眼中不是大事。

结婚后，你会发现，每一次消费都可能成为硌脚的石头。

连花钱都花不到一块去的人，结婚一定要谨慎。

恋爱是琴棋书画诗酒花。

结婚是柴米油盐酱醋茶。

前者成本低，感情大过天的时候，不花钱也勉强能玩得转。

后者太现实，任你们多相爱，价签上的数字从不会少一分。

在消费观念上大相径庭的人，基本可以预见，未来的路上，有大大小小无数战争在等着你。

小时候我经常听隔壁邻居夫妻吵架，男人大骂女人败家，我原以为她买了什么奢侈物件，后来才知道，只因为女人用一盆新水洗脚。

在男人看来，水就应该是洗过脸、洗过手、洗过毛巾，快成一盆浑汤时再用来洗脚。用一大盆干净水直接洗脚简直是暴殄天物。

这事看似是卫生习惯，其实背后是金钱观。

男人节俭到骨子里，水电费都要一分一分地省。

女人活得讲究又爱美，花五块钱烫发、买的确良衬衫，件件都能成为他们日夜争吵的导火索。

前几年我曾问一个女友："情人节男人不给你买九百九十九朵

玫瑰，你会生气吗？”

她当场跳起来：“他要敢买我才生气呢，脑子有病啊，一万块钱买一堆破花！能吃能喝还是能穿？”

那一刻我明白了她幸福生活的根源。

不是男人肯为她花多少钱，而是这个男人的金钱观，恰好与她一致。

他们经济条件并不差，但夫妻二人都是实用主义者，对花里胡哨的东西一概不感冒，两口子最大的爱好就是攒钱。我们嘲笑他们不懂享受太老土，但对他们，这就是恰到好处的幸福。

我还有一对夫妻朋友，跟上面这对正好相反。两人都是享乐主义。哪里开了新馆子，一定第一时间就要去大快朵颐。Iphone出了新品，立即换代人手一部。在可承受范围内，购物一定买品质更好价格更高的那一款。

他们也并非土豪大款，只是拥有一致的消费观：享受花钱带来的快乐。

而花不到一块去的人呢？

女人买一瓶百元面霜，男人能心疼到吐血，五块钱的雪花膏怎么就不能用？

男人买一双耐克球鞋，女人能咒骂到半夜，这比蓝边胶底的老回力好在哪？

你好几年才买一个大牌包包，他质问你凭什么这么败家。

他只不过想要一块运动手表，你说这破玩意换成大米能吃半年。

太累心。

不是所有爱花钱的姑娘都是口红婊。

也不是所有节省的男人都是葛朗台。

结婚，经济条件是一部分考量标准，更重要的是，要找那个跟你是一套的人。

你慷慨，他也大方。

你俭省，他也节约。

像螺栓配螺母，两个人在一起才不勉强，不委屈。

这是幸福的前提。

当然还有一些极端情况，与消费观无关，本质上就是自私。

如何判断？看他对自己和对对方的尺度是否一致。

自私的人，都是对自己大方，对他人小气。

男人在外面花天酒地挥金如土，却不舍得给老婆买东西。

女人逼男人节衣缩食辛苦打拼，自己却偷偷给娘家塞钱。

这种人，不能嫁，不能娶。

很多姑娘，中了“不花钱就是不爱我”的魔咒。仿佛男人只有肯为你倾家荡产才能表明他的真心。

而很多男人呢，生怕女人虚荣拜金只图钱，巴不得天下女人都立志嫁给穷光蛋，才能把吃苦耐劳勤俭持家的传统美德发扬光大。

这都是极端。

钱很重要，而更重要的是匹配。

有人视花钱为快乐，有人把攒钱当幸福。都没有错。

只有金钱观匹配的人，才能为爱情加分，而不是像小品里的小沈阳和赵本山——一个生怕“人死了，钱没花了”，另一个却在担心“人还在呢，钱却没了”。

你从不知道这些话，曾如此伤害过女人

愿每个当了妈妈的女人，依然能被善待和疼惜。
愿每个为母则强的女人，能在男人怀里成为妻子，
还能在父母面前做回孩子。

闺蜜夜聊，谈到二胎话题。

本来，我对这种万年老梗已经意兴索然，正打算散去，H突然说了一句："你们知道我不要二胎的真正原因吗？我受不了家人说那种话，好像生完孩子之后，我就不配再好好活着了。"

几个女人瞬间都被戳痛了。

H的妈妈我们都见过，标准的贤惠母亲。总是和颜悦色无限耐心，永远轻言细说关怀备至。

从前我们去H家里做客，总是羡慕不已。

如今H与我们窝在沙发里苦笑："自从我自己当了妈，就感觉

我从此没了妈。”

我理解。

中国人的“隔辈亲”不是一般的厉害。我们的父母特别擅长，把所有的爱，全部倾注给孩子的孩子。

H有了孩子之后，她妈妈把对她的爱，一股脑地投入到孩子身上，捧在手心怕摔着，含在嘴里怕化了。

孩子一饿，H嘴里的饭还没嚼烂，立即被她妈妈打掉手里的饭碗：“快快快，先别吃了，赶紧去喂奶。”

孩子一哭，无论H在忙什么，都会被妈妈催促着拎起来：“赶紧的，没听到宝贝哭了，还不快去！”

孩子一病，她妈妈不分青红皂白先把H训一通：“你怎么看的孩子？又把我们弄病了。”

刚开始，H尽量说服自己不去在意，老人爱孩子心切，又是自己亲妈，有什么好计较的呢？

可经年累月，那种难过，就像瓷器上的冰裂纹，原本只是小小一条缝，却慢慢随着时间，悄无声息地加深，日复一日地蔓延。

总有一个声音在心里提醒她：你不再被爱了。

中国家庭的情感模式，基本都是在孩子出生后，实现一次乾坤大挪移。

这个小婴孩一到来，马上就成为全家的重心，所有人的皇帝。

从此爸爸成了太监，妈妈成了奶娘，而爷爷奶奶姥姥姥爷，才是发号施令的正牌皇太后。

闺蜜X说，剖腹产生下儿子后，全家启动了每日围着婴儿床笑逐颜开模式，一天无数遍讨论宝贝长得像谁，头发多浓密，大耳朵多有福。

全然顾不得她的止痛泵丝毫不起作用，顾不得每天医生来按压肚子排恶露的人间极刑。

她刀口疼得不敢侧身，但她妈妈想让孩子尽早吃上初乳，不停地唠叨催促。

终于在产后第四天，她在他们的欢声笑语中歇斯底里崩溃大哭："你们眼里只有孩子，怎么就不关心我有多疼呢！"

爹妈才回过神来，象征性地宽慰几下，还不忘缀上一句："都当妈的人了，别这么娇气。"

月子里，X是被拴在床头的奶牛，每天被强制着、劝告着、哄骗着喝下各种汤汤水水，唯一任务就是下奶。

她在娘家坐月子。妈妈要求她每天吃六个鸡蛋，说这样才能恢复体力。又听老姐妹说每天要吃一个猪肚，对下奶最有利。

说辞一概都是：愿不愿意，也得为了孩子。

她每天都郁闷得想去死。

只有月嫂挺身而出："不要勉强她，产妇的心情才是最重要的，鸡蛋和猪肚都不是必须吃，让她点自己爱吃的，我负责做。"

X说，整个月子里，她最感激的人，真的是月嫂。

我在三十岁之前，一直都活在老爸的溺爱里。

而我们父女俩真正的争吵，也是始于有了孩子。

有一段时间，老公频繁出差，儿子脾胃总有问题，我每天晚上要给他推脾经，哄他睡着后再点上艾条灸肚脐。

一连数月，我都要忙到半夜一点才能睡觉，筋疲力尽。

因为太累，我睡得太沉，儿子半夜翻身掉下床去，哇哇大哭。

我吓得赶紧把他捞上来又哄又安抚，生怕惊醒了爱他如命的姥爷——睡在隔壁的东方雄狮。

可他姥爷还是在几秒钟之内从天而降破门而入，对我厉声训斥："你怎么睡觉的？把孩子都摔了！"

我也很恼火："我能怎么睡觉？我闭着眼睡觉的！"

"你自己睡着了就不管孩子，这要摔坏了怎么办？"

"我睡觉没法看，我又不是鱼！"

我们有史以来最激烈的对抗，都是在有孩子之后发生的。

其实，我能理解他心疼孩子摔伤的急切心情，可这种劈头盖脸的指责让我无法接受。

还有一个女友S，为了谁吃孩子一口剩饭，成为家庭战争的引爆点。

给孩子冲的奶剩了半瓶，S妈妈说，进口奶粉这么贵，别浪费，你喝了。

S说："我不喝，剩了就倒掉。"

妈妈便埋怨："都养孩子了，还一点都不知道节俭。"

孩子把吃剩的果泥倒进她的碗里，她制止。

S妈妈说："你不吃谁吃啊？哪个当妈的不吃孩子剩饭，就你毛病多。"

虽然都是嗔怪，S却真的扎心了——仿佛不吃孩子剩饭，她就大逆不道，就不配当妈。

还有个朋友，带孩子去小区花园，孩子蹒跚学步没站稳，她晚了一把没扶住，孩子额头磕破了点皮。

这一幕被她妈妈在楼上看见，火速冲下来，抱过孩子心疼地大哭，气急败坏地打了她好几下。

她说，她本来已经无比内疚，可妈妈打的那几下，让她顿觉众叛亲离。

我们都在说：为母则强。

当了妈的女人，都活得犹如一头神兽，上天入地无所不能，披荆斩棘所向披靡。

做母亲的强，可以让女人强大到原谅隐形爸爸缺失的担当，宽容多事婆婆苛刻的计较。

可我们真的不愿承受，来自血缘至亲的那些不理解的批评、指责、埋怨。

每一句，都在不经意间给疲累的女人补刀。

奶水不足，是当妈的无能，饿了他们的天使。

孩子受伤，是当妈的大意，摔了他们的宝贝。

孩子生病，是当妈的疏忽，伤了他们的心肝。

好像我们不是亲妈，好像我们不心疼孩子一样。

“妈妈不中用，给我们宝贝提供不了口粮啊。”

“妈妈真粗心，把我们宝宝摔疼了啊，我打她。”

“妈妈真差劲，这点事都干不好，我们不要她。”

中国式亲情，并不懂这些玩笑话，其实有多伤人。

有很长一段时间，我都质疑自己，是不是太矫情，太玻璃心了。

可至今回想，心里那种分明的失落和难过，其实骗不了人。

那种痛像针扎，不会撕心裂肺，不会血涌如注，却针针扎心，在不为人知的地方，在无法言说的角落，渗出密密匝匝的血珠。

因为我有了孩子，因为我成了母亲，我就不该再被呵护，不该再被疼爱，只配粗糙地活着吗？

女人生孩子的痛，从来不是因为怀胎辛苦和分娩苦楚。

男人不给力，因为他们后知后觉成熟晚。

婆婆不贴心，毕竟隔着血脉心存生分客气疏离。

这些，我们都可以学着接纳，练习消解。

我们更怕不被至亲理解的孤立无援。

愿每个当了妈妈的女人，依然能被善待和疼惜。

愿每个为母则强的女人，能在男人怀里成为妻子，还能在父母面前做回孩子。

我不想你结了婚才懂得，爱比嫁难多了

嫁，只是一瞬的决定。
爱，才是一生的践行。

姑娘坐在我对面，脸上挂着复杂又矛盾的神情。

看似平静，其实并不淡定。

貌似理性，其实是种绝望。

她开口："姐，实在不行我就嫁了吧。这么拖下去也看不到头。"

她说的"嫁了"的对象，是一个相亲认识的男人。不觉得有多好，也似乎没什么大毛病，两人不咸不淡不冷不热地处了几个月。

"你俩相爱吗？"

"相亲认识的，不都那么回事吗？什么爱不爱的，能有多爱？就算爱，结了婚不也都那样吗？算了，就这样吧。"

我叹口气，姑娘啊，你真的不懂，爱这件事，其实比嫁难多了。

十年前我经济条件有限，买衣服热衷于淘外贸小店、夜市和路边摊。

很多小店像仓库一样，出口转内销的瑕疵尾单堆成山。三五十的上衣，六七十的毛衫，就算有点小问题，总觉得性价比颇高，买到即是赚到。

我每次买回家之后都要进行二次加工。不是哪里开了线，就是某处染了色，要么穿一次就全身起球，要么洗一水就松垮走形。

时间一久，衣柜存了一堆不穿可惜穿了不甘的鸡肋。

既不喜欢，也不适合。那当时为什么要买呢？

因为当时误以为：应该可以，还挺好的。

而事实上，当你不情愿地穿上的时候，那种委屈，不甘，隐隐的自卑，莫名的愤懑，潮水一样将你淹没。

买地摊货的时候，我们常有种占便宜的快感。

但买回来之后，发现它并不好穿。

你会挑剔它质感不够好、板型不够潮，你会嫌弃它做工不精细、面料不挺括。

穿衣服尚且如此，更何况是婚姻呢。

因为他是一个好人，因为你觉得他适合结婚，你以为结了就是赚了，实际上，亏大了。

爱情不是施舍，婚姻也无法凑合。

嫁一个不爱的人，比图便宜和省事买回来的衣服，后果严重得多。

日日夜夜，如鲠在喉。

勉强为之，顿觉苟且。

姑娘说："或许也可以先结婚后恋爱吧，我们父母那一辈不就是吗？没什么感情基础就结婚，也照样过完了一辈子。"

不，那太难了。

我们的祖辈和父辈，的确很多都是先结婚再恋爱的模式，靠着天长日久过日子，慢慢培养出感情，可你要明白，那种老套的婚姻模式，是有现实背景的。

对于我们的祖辈，婚姻解决的是生存问题。

谁家的女儿嫁不掉，简直是娘家的耻辱，几乎要活不下去。女人作为男权附属品，只有嫁入夫家，生儿育女，完成繁衍义务，才能实现生存价值。

对于我们的父辈，婚姻解决的是生活问题。

过日子，有个伴来得更实际。饭一起吃，钱一起攒，孩子一起养，就是能比一个人单打独斗要宽裕，这是实实在在的性价比。

婚姻在不同时代，意义和作用是不同的。

所以在旧时代，结婚就是生孩子、过日子，感情并不是第一位的考量要素。

但今天不是这样了。我们都具有极高的情感需求和精神需求，这条路，注定行不通了。

对于现代婚姻，应该是一个你情我愿，两情相悦，水到渠成的过程。

嫁，真的是件很简单的事。

眼一闭心一横，一咬牙一跺脚，民政局的红印一盖，无名指的戒指一套，你的身份就从此成为“已婚”。

可是爱，却从不是一件容易的事。

感情可以通过后天培养，可没经历过恋爱过程，没说过海枯石烂的誓言，没听过绵绵不绝的情话，没感受过电光石火的时刻，太过务实、不得不选的婚姻，成为一个你必须完成的任务，而不是爱到深处的决定，也不是情深义重的选择。

歌里唱：爱一个人好难。

爱一个人不难，一辈子爱一个人太难。

此生漫漫，夜浓路颠。

恋爱，像吃一顿饕餮大餐，两个人激情万丈、大快朵颐、胡吃海塞，酣畅淋漓。

结婚，成为家常小炒，恋爱时的骨头还残存着肉，加上油盐酱醋，再有滋有味地啃一啃。

年老后，依旧是这盘啃剩的骨头，炖个汤，补补钙，相携相扶，十全大补。

只有真正拥有过爱情，才能这样一路走过来，熬过柴米油盐的琐碎，抵过鸡毛蒜皮的龃龉。

没有爱情而走入婚姻，寄希望于被时间培养出一线感情，不是不可能，可这感情注定像早产的孩子，身娇体弱，先天不足，抵抗力低下，难以抵御现实的风霜雪雨。

我对那姑娘自嘲："你看看我，当初爱得山崩地裂非他不嫁，婚后还照样千头万绪焦头烂额，你还敢随随便便把自己扔进不负责任的婚姻吗？"

这是真心话。

我也曾失望过灰心过，争吵过痛哭过，但想起那些有过的甜蜜、共过的亲昵、无保留的交付、无条件的信任，就愿意让自己再往前走一步，去沟通去经营，去改进去包容。

只有爱，才是引导我们破除万难、宽容慈悲、走向成熟的原动力。

我们太习惯把“嫁”当作人生大事。

其实，爱才是。

真心实意、全情投入、浩浩荡荡地爱过，才是无憾的人生。

嫁，只是一瞬的决定。

爱，才是一生的践行。

亲爱的姑娘，这个道理，我不想看你在痛过、悔过、蹉跎过之后才懂得。

直到学会了如何养男孩，我才懂得了怎样对男人

一个智慧的妈妈，一定也是一个优秀的妻子。
因为她懂得，男孩未来终究要长成男人，
而男人心中也始终有个男孩。

每周末带儿子上课外班，孩子们在里面学习，我们几个妈妈就在外面开座谈会。

几次下来，我发现一个现象：现在的妈妈似乎控制不住地焦虑。

孩子太皮了，上火，怕以后闯祸；孩子太静了，发愁，怕以后没出息。

总之，越养越不知道该怎么养。

自从去年九月份，我家小宝成为一名光荣的小学生，我也跟着

升级成为一名学生家长。

毫不夸张地说，前三个月，我几乎蜕了一层皮。历经了无数次观察、分析、对照、反思之后，时至今日我才敢说，终于搞明白了该如何养一个熊小子。而意外收获就是，我更加明白了直男这种生物，究竟是什么样的脑回路。

因为，熊爹地和熊小子，基本都是同一个模子。

你学会了怎么养男孩，也就知道了怎么对男人。

以强压强不好使

我和小宝有一个阶段，几乎天天吵架。

我这种急性子，一看他慢吞吞地写作业，懒洋洋地读英语，晚上不想睡，早上不肯起，真是日日气不打一处来。

我控制不住情绪，怒发冲冠火冒三丈，动辄冲他大吼："你能不能快一点？都几点了还在这磨蹭？我刚才说的什么你没听见吗？催你几遍了还不赶紧去！"

不出几天，他就把这一套原封不动地用到了我身上。

我俩性格一个比一个犟，分贝一个比一个高，我摔一支笔，他就扔一块橡皮，我拍一下桌子，他就踢一下椅子。

那段时间我真的快要被气吐血了。

后来一个儿子已上大学的客户大姐告诉我："养男孩，当妈的一定不能太强。他现在还小，你敢冲他吼，他就敢冲你叫。等再大一点，你敢把他东西扔了，他就敢把你房子点了，你敢揍他一下，他就敢离家出走。到那时你的威力早已不好使了，要怎么办？"

我一口气买回五本教育类书籍，不眠不休地读完，还做了读书笔记。

后来，当他向我怒吼时，我不再以更高的声调吼回去，改为弱弱地说："你有话就好好说嘛，干吗那么大声啊，好害怕。"

他赶紧上来抱住我："好了好了，别怕别怕，我不是故意的！"

从我不再大吼大叫之后，孩子的改变也很明显。

每次我示弱，他总是第一个冲上来保护我。

其次是让他当英雄。

对他的小小行动我学着及时夸奖：今天真是多亏了你啊！帮了一点小忙，我也会鼓励：你真是帮我解决了大问题呀！

熊小子自信心爆棚，经常主动来问：有没有事情需要我帮忙？给我安排点活吧，我也能干！

看，男人果然都是顺毛驴。

对六岁的方法，对三十六岁的，照样管用。

我们家历来我管钱。以往每月一发工资，我就准时收租子。

但我的方式就比较黄世仁了，“工资赶紧转过来，每次都得催！”又或者“你就不能想着主动交，那么几个钱还得我开口要。”

虽然最后事都办了，但两人都很烦。

我把对熊小子的经验用到了他爹身上，换种表述：“皇上，这月例银还没发，臣妾要吃土了。”

直男最吃这套，赶紧回：“爱妃稍等，马上转！”

柔情蜜意，皆大欢喜。

既然对他说做1，就别暗暗期待他做到1.1

晚上陪儿子写作业，其中有一道数学题：6○0=6，要求在圈中填上“+”或“-”号，让算式等于最后的得数。

小宝毫不犹豫地填了减号。

我问：那6加0也等于6啊，你为什么不填加号？

他答：减号可以少写一笔啊！省事啊！

我突然明白了，无论大小，男性的本能就是先把问题绕过去，能省则省，能不干就不干。

以前，我把他爹这种表现，统统归咎于懒。

比如——让他收阳台上的衣服，他绝不会顺便把晾干的毛巾也收了。让他帮忙扫扫地，永远别指望他扫完后顺手擦一擦。批评他，他只会无奈摊手：你没说啊，你只说让我收衣服啊！

可若打起游戏看起球赛，那精力集中的，两耳绝不闻窗外事，吃饭得喊一百遍。

现在我终于搞懂了，他们不是装的，是真的。

从一个小男孩的行为中，你就知道直男是种什么样的生物了。

我专门去查了科普帖：连接人类左右脑的胼胝体，女性比男性厚三倍。也就是说，女生左脑和右脑，比男生连接得更好。

所以女生心细、考虑周全，还能同时完成好几项任务。

而男生只会一条道走到黑。干这件事的同时，绝对无法干另一件事。

所以他们的原则是：能少做就少做，能绕行就绕行。

所以你说1，人家就只干了1啊，你为什么又要求1.1呢？

好女不生直男气

直男都是气死人不偿命的物种，跟他认真你就输了。

小宝上一学期，要求背十六首古诗。

我虽喜欢诗词，却从未提前教过他。要求他直接背诵难度太大。

我想了一个方法，费了洪荒之力，用尽毕生所学，把七首古诗做成了一幅剪贴画——

左上角的月亮，是“小时不识月，呼作白玉盘”。

右上角的山川，是“白日依山尽，黄河入海流”。

中左侧的梅花，是“墙角数枝梅，凌寒独自开”。

中右侧的农民伯伯，是“锄禾日当午，汗滴禾下土”。

左下角的荷叶，是“江南可采莲，莲叶何田田”。

右下角的青草，是“离离原上草，一岁一枯荣”。

最底下河里的白鹅，是“曲项向天歌”。

我吭哧半天弄完，得意地向他展示，换来熊小子一句：“你剪的鹅真像个马桶！”

他还问我：“妈妈你知道我为什么不长痘痘吗？”

我耐着性子给他解释：“小孩皮肤含水量高，不分泌油脂……”

他来一句：“因为我不爱生气！”

我逐一对照了他爹的表现，他永远搞不懂：这事有什么可生气的？他总是很委屈：你怎么生气了？他一次又一次地问：你怎么又生气了？

于是我决定原谅他爹了。

因为他就算看八百遍《甄嬛传》也照样懵圈，因为他就算想破头也猜不出YSL是什么东西。

老公不是儿子，但对孩子的那些原理、方法和技巧，其实用在男人身上一样好使。

因为：同一个世界，同一种直男。

前段时间，家中连续收快递，有给儿子听英语的CD机，有我录音频课程的小设备，还有我的新手机。

我是个电子盲，所有东西一定要老公全部弄好之后，交付给我使用。

他俩一起嘲笑我：这么简单的东西都学不会。

呵呵，小样。

我把他俩抓到我的梳妆台前，对着卸妆乳洗面奶爽肤水精华液妆前乳隔离霜BB霜防晒霜，以及眉笔眉粉染眉膏，眼线笔眼线液眼线膏，腮红高光眼影蜜粉睫毛膏，说："来，说说这些都怎么用。这么简单的东西都学不会？"

所以说，对待直男，就如同对待熊小子。

强行要求他对你好，就跟对孩子说要好好学习一样，不是无动于衷，就是勉强为之。能让他们主动用心去学的，一定是激发他的兴趣，有内驱力的东西。

一个智慧的妈妈，一定也是一个优秀的妻子。

因为她懂得，男孩未来终究要长成男人，而男人心中也始终有个男孩。

女人只有最美的姿态，没有最好的年龄

没为梦想拼尽全力，你就永远不懂这一程有多少收获。
没为自我决然坚守过，你就永远不知道路的尽头有多丰厚的礼物。

至今，我仍清楚地记得二十九岁那年，从心底漫散开来的恐慌。那种唯恐青春逝去、唯恐老之将至的恐慌。因为害怕，怕从此步入灰扑扑的三字头人生。

于是磨刀霍霍，时刻准备着与时光交锋，与流年短兵相接。

于是战战兢兢，把对衰老的抵御和对抗，视作女人终其一生的正面战场。

如今回望来路，发现我和身边许多的三字头四字头女人一样，活得比二十几岁更热辣，更丰盛。

我们从未被衰老剥夺了什么，反而被它赋予更多。

今年一次沙龙活动上，我重遇了两年未见的Sophia。她神采奕奕，笑容清朗，看上去比几年前更加年轻，但怀里竟然还抱着八个月大的二胎宝宝。

五年前我和Sophia认识的时候，她是一家知名培训机构青岛区域的HR总监。我们并不熟络，后来在她朋友圈看到她已去德国进修。我一直以为是单位的公派留学。直到这次重遇，我才了解，这几年她走了一条如此勇敢又精彩的路。

2012年Sophia从HR经理升为总监。她总是和善温暖，让人如沐春风，先生温文儒雅，儿子聪明可爱。这几乎是三十岁女人标准的人生赢家模板。

但这不是Sophia 想要的模板。

她对古建筑有着特殊的情结。多年来利用各种假期，访遍各地古建筑遗迹，从故宫长城到福建土楼，从古祠牌坊到园林名亭，从庙宇道观到古城村落。三十五岁，她第一次申请了德国安哈尔特大学历史建筑保护专业研究生。

为迈出这一步，她考了三次雅思，做了未来两年的家庭收支预算，安排好了全家老小的日常，在与先生正式商量赴德进修计划的启动时，却扑面迎来一个霹雳。

先生羞愧又懊悔地向她坦白，家中全部积蓄被他拿去投入股市，本想大赚一笔给她一个惊喜，却遭遇暴跌被死死套牢。

Sophia对我说，当时只有一个念头，就是离婚。

我能想象，那种被气愤、屈辱、心痛以及恨铁不成钢的情绪夹杂在一起的冲击，是如何痛彻心扉。

“后来呢？”我问她。

她笑：“还能怎么样？事情已经发生了，他也很后悔，觉得很对不起我。那就一起面对。”

Sophia把留学计划推迟了一年。这一年，她一边开源节流缓解经济困局，一边修复感情度过婚姻危机。

一年后，她正式收到录取通知，办好签证，取得先生和儿子的支持，向公司提交了辞呈。

Boss挽留：“你现在的位置，要在这时候辞职，就意味着年终奖、股权、分红，都自动放弃了。”

亲戚炸锅：“三十好几的女人，有家有口，放着好好的工作不干要出国读书？不挣钱还得多花钱，脑子坏了吧？”

朋友规劝：“你有名校学历，有名企高薪，就算要出国镀镀金，但学什么古建筑嘛！回来上哪再找高管职位？”

这就是一个女人，现实与梦想间的博弈。

我看过太多人战战兢兢思索，小心翼翼衡量，生怕做了“性价比”不高的抉择而无力挽回，最后只得让梦想屈从现实抱憾终生。

Sophia说，我二十六岁时没有条件和资本去做，如果三十六岁还不去做，恐怕未来就再无可能。我若付不起眼下的代价，那以后就更付不起了。现在我想好了，这个成本我愿意承担。

她坚定地飞去了地球另一端。重归大学校园，像重回热气腾腾的青春，白天上专业课泡图书馆，晚上练口语，周末做海淘代购。

她的耐心细致和尽职尽责，让她拥有极佳的人缘和口碑。这份无心插柳的兼职，竟成就了第二份事业——她用代购收入支撑了留学的全部费用，不用花一分积蓄，并且仍有盈余。

两年后的今天，Sophia坐在我的对面，她不再是头顶光芒的HR总监，却有了更多身份——二胎妈妈、家庭保险顾问、理财规划师。

她在产假期间考取了专业资质，边带孩子边兼职。她细致地为我讲解普尔家庭资产四象限，帮我选择理财和保险产品，比较费率，解读条款。她自嘲：我并不是一个优秀的销售，但我是一个称职的顾问。

身边众多女人还在为要不要二胎纠结，为职业晋升还是转型犹豫不决，为拼杀职场还是回归家庭摇摆不定时，Sophia把一切云淡风轻地化解。

最重要的是，她变得更美了。笑容里有少女般的透明，眼眸熠熠生辉，脸庞光泽盈润，那是一种洗练淡定的赏心悦目和具足圆满一切安然的美。

她说，在回国之后，其实遭受了更多质疑：

“进修一趟有什么用？还不是照样回来生二胎？”

“总监的位子不珍惜，现在倒好，沦落到去卖保险。”

“真不知道她折腾这一趟是为了什么。”

……

他们怎么会懂，Sophia这三年，过得比许多人的三十年都丰沛。

留学经历让她实现梦想开拓格局。经济困顿让她重学金融懂得规划。二胎到来让她完成二次转型成为更成熟的女人。

他们也不会懂，Sophia边做全职妈妈，边用她的专业和敬业，与更多精英女性并肩而立成为合作联盟。

他们更不会懂，Sophia已经在策划她毕生热爱的事业——关于古建筑保护公益计划的启动。

这份成就和快乐，是她眼里的光亮，是她心中的火把，是她变得更美的全部缘由。

女人一生也许根本就没有完美的选择。 有人要事业成功，有人要婚姻完满，有人要梦想绽放，有人要儿女成双。所谓美满和平衡的结果，无非就是让自己拥有的那份缤纷茂盛，成为幸福与满足的源泉。

真正的勇者，不只是勇于选择，更勇于将这个选择变得无比正确。

我曾经崇敬的女人，是以智识为刀剑，风风火火，攻城略地。或以才华为武器，东征西伐，纵横捭阖。或以胆识为铠甲，势如破竹，寸土必争。

但现在，我更羡慕Sophia这样的女人。

她们润物细无声，却敢于听从内心的呐喊，不畏艰难困苦阻力重重，心口始终写一个勇。她们经历过失望，遭受过伤害，仍能在失望与伤害之后将自己拯救。她们沉心静气接纳生活的咸涩，宽宥他人的错误，忘却煎熬的苦楚，让自己永远拥有清澈美好和热情饱满的生命。

什么阳春白雪，什么峥嵘岁月。

没为梦想拼尽全力，你就永远不懂这一程有多少收获。

没为自我决然坚守过，你就永远不知道路的尽头有多丰厚的礼物。

当一个女人有静气也有深情，懂得折返也敢于逆行，能在暗夜里忍耐，也能在阳光下招展的时候，她的美，就再也不会随年龄而凋敝耗散。

有人心有惴惴唯恐四面楚歌。

有人红颜铿锵只管边走边唱。

如今我深信，让一个三十岁女人无惧衰老的理由，有太多太多。

是阅历，学识，气度。

也是自我，情爱，财富。

是你读过的千卷书，行过的万里路。

更是你对自己永不止息的爱，对梦想永不放弃的追逐。

女人只有最美的姿态，无所谓最好的年龄。

Chapter 3

如果他爱你，眼里会有疼惜

情爱很感性，婚姻也很现实。

任何时候，都要为自己设置包容和忍耐的底线。

这是婚姻的城池边界，也是自我保护的基本原则。

改变一个字，拿回婚姻主动权

当感情困顿，别急于问他还爱不爱你，你先问自己，你还要不要他。
当男人出轨，先不必问他愿不愿回归，你先问自己，你肯不肯原谅。

写公号文章两年多，在我接到的全部情感倾诉和咨询的读者中，只有四位男性。其余的，清一色都是女人。

因为男读者留言少，所以仅有的几条，给我印象极深。

其中一位，说他女朋友年纪小，总爱“作天作地”，实在让人受不了。他问：我如何提分手她更容易接受？

还有一位，讲了他暗恋的女神的诸多细节，对方卓然不群追求者众，他关心的是：我要怎么追才更有机会？

再看看女人的问题——

相恋三年的男友劈腿，姑娘伤心欲绝：他到底有没有爱过我？

结婚十年的老公出轨，女人悲愤交加：怎么做才能把他夺回？

相亲刚认识几个月的对象提出性要求，女孩左右为难：他一再想要，能不能给？

我并不是指事件本身。

女人在感情里，对感受的敏锐、对安全感的需求，都比男人多得多，女人的烦恼自然也比男人多得多。

我想说的是，把男女提问的句式比较一下，就看出差别了。

即使同样是问题咨询，男人的主语永远是“我”，而女人的聚焦却大多是“他”。

别小看这一个字，它暴露的，是一个人在情感状态中的潜意识。

以“我”为开场的人，关注的首先是自身，他将自己置于主场之上。

以“他”为主体的人，其实未必爱得多深，而是习惯了附属者的身份。

那些在婚姻中被动的女人，都没把自己放在感情的主场，自然也难以拥有主动权。

她们太过于把焦点集中在男人身上——

他怎么能这样对我？

他为什么可以说变就变？

怎么样才能让他回心转意?

如何做才能让他离不开我?

每当看到这种话，我都觉得，中国女人千百年来，千辛万苦取得的觉醒和进步，顷刻间全退回去了。那些独立自主的自我意识，全被打回了软趴趴的原形。

曾有一个结婚不满一年的姑娘问我，要不要去做丰胸手术，因为她老公总嫌她胸太小，她总害怕因为这点被抛弃。

当你想用胸前四两来留住男人的时候，其实就已经输了。

你不是输在A-CUP，而是输在讨好的姿态。

即便你从整形医院出来之后波涛汹涌，他依然会嫌你腰不够细，腿不够长，床上不够骚，人后不会浪。

当一个女人在婚姻里，只关注“他”，而不敢提“我”，不能挺直腰杆与男人并肩而立谈问题，那就无从谈平等。

因圆桌派与蒋方舟的对碰，徐静蕾又火了。其实早在2005年，在《一个陌生女人的来信》里，徐静蕾就表达了特立独行的爱情观：我爱你，但与你无关。

她将这部茨威格的同名小说，移植到1930年至1948年的北京：

“我要你一辈子想起我的时候，心里没有忧愁，我宁可独自承担一切后果，也不愿变成你的一个累赘。我希望你想起我来，总是怀着爱情怀着感激，在这点上，我愿意在你结交的所有女人当中，成为独一无二的一个。”

没有苦情，也不是负气，更不为谁而活。

就像她如今说：我们为什么要做讨人喜欢而不是自己喜欢的女孩呢？

还有刘嘉玲。许多年一直被喷配不上儒雅深情的梁朝伟。戛纳电影节上三人牵手的照片被一再研究，外界纷纷定论：梁朝伟的真爱是张曼玉。

她无所谓。2008年与梁朝伟不丹大婚，数年后，与张曼玉合影并配文：岁月极美。

她在访谈中大气淡定，款款道来：我选择了梁朝伟。

她自始至终都是自己的主人，女王范儿里透着人生智慧——我为我自己负责，不必等待任何人来救赎和选择。

毕加索曾经无情地评价女人：女人就是承载痛苦的机器。

在他的情史中，所有被他折磨过的女人，都难逃悲凉结局，非死即伤。

但有一个幸免的女人是弗朗索瓦斯·吉洛特。

毕加索为她作画时曾说：“我看你不是坐着的，你根本不是被动型的人，我只看见你站着。”

没错。她是唯一一个主动抛弃毕加索的人。即使为毕加索生了两个孩子，依然清醒决然地离开这个情感暴君。她知道自己要什么，绝不会在一个暴戾自私的男人那里委曲求全、苟延残喘。

吉洛特自己也是个画家。离开毕加索之后，她依旧成绩斐然：一生举办了五十多次展览，出版十二本著作，被法国总统授予国家荣誉勋章。

她说：我之所以是今天的我，不是因为我曾与毕加索生活过。

纵然我们永远无法成为吉洛特、徐静蕾、刘嘉玲们，但对女人，无论生于何等年代，无论何种年龄身份，真正主宰命运的，都是那些永远将自己置于人生主场上的人。

当感情困顿，别急于问他还爱不爱你，你先问自己，你还要不要他。

当男人出轨，先不必问他愿不愿回归，你先问自己，你肯不肯原谅。

如果你以附庸姿态，仰面等待他人垂怜，如果你以男人最终选择谁而定胜负，那么男人选择不分手、不离婚，保留你的正宫地位，你就算赢了。

但敢于听从内心真实的声音，以自己的最终幸福论成败的人，永远让自己保有选择的权力和机会。

成熟的婚姻，是两个独立平等的人，在爱中彼此支撑，互相依赖，而不是一方依附于另一方生存。

掌握主动权，不是霸道强势，不是事事都要说了算，而是永远遵从自己的内心，永远对自己负责任。付出时心甘情愿，告别时无憾无悔。

当你来问爱不爱、离不离、继不继续的问题时，我会告诉你：

从你惯用的句式里，先把主语里的“他”，替换成“我”——

在这段感情里，我快不快乐。

在这些问题中，我作何取舍。

我想要什么，我要如何去得到，我愿意为此付出什么。

当你改变了这一个字，也许就不必再向谁求助和征询，在你自己心中，就已经有了答案。

你真正的决心，无须征得任何人同意。

每个女人都曾在情爱里卑微。

犯过贱，低过头，但最终，都必须学会挺起脊梁直立行走。

自省力，是婚姻经营的基石

在对方的宽容之中自省，才对得起这宽容。
而在他人的宽容里变本加厉，宽容就成了纵容。

我把闺蜜团旅行的合影拿给同事看。同事指着从未谋面的F说：我怎么看这姑娘，比去年照片更年轻了呢。

几乎所有认识F的人，都说她越活越年轻了。不得不说，一个女人的年轻态逆生长，美满的婚姻起到了至关重要的作用。

F老公比她大六岁，成熟沉稳，对她呵护有加，关爱备至。前几年，我们每凑到一起就羡慕F好福气。F自己也说，老公很会疼人，大概因他出身贫寒，十六岁当兵入伍，从小就知冷知热、自强自立。

估计少女们听了这话，恨不能马上去部队找个大六岁的兵哥哥。

其实，F的幸福，并不是全靠这一点。

F说，结婚头两年磨合期，也没少拌嘴。闹过几次后两人发现，吵架这种事，既无用又伤感情。从此共同立下约定：所有争吵不过夜。

不管什么原因，无论吵到什么程度，冷战都不能超过一天。当晚睡觉前必须把问题谈开、解决，不把情绪带到明天。

F老公的大气，在于他能主动提出，男人应该有心胸，无论谁的错，他都保证率先破冰。

而F的难得，在于懂得放下女人的小心眼，适可而止地收起小性子，面对男人的示好，她给足面子，让彼此都有一个缓和的台阶。

破冰之后，两人通常会选择出门散步，边走边剖析，客观谈问题。然后消解情绪，反观自我，体谅对方，该认错的就认错，该道歉的就道歉，最后一起回家，给写完作业的女儿一个大大的拥抱。

他们夫妻俩之所以幸福，不是男方年纪大六岁，出身农村吃过苦，也不是女方天生好命，轻松嫁得如意郎。

这都是表象。现实里的柴米怨偶，男人一把年纪照样不成熟不懂事，女人闲散安逸依旧不温柔不体贴的，多了去了。

F婚姻幸福的原因，是他们夫妻都拥有特别强的自省力。问题当前，愿意去反思自己，体察他人，而不是一味指责对方。

F对我讲过一件事：刚结婚时，他们多次旅行，返程时F老公都要给弟弟妹妹带许多礼物。时间一久，F颇为不悦："你弟弟妹妹都已长大成人，你又不是土豪大款，用得着回回都给他们买这么多东西吗？"然后一路甩冷脸给老公看。

但回来不久，F反思到一个关键点：老公是家中长子，但因自小家境贫寒，他对弟弟妹妹的疼爱无法用物质体现。这是他成长中的心结。即使如今弟妹已长大，他仍渴望用这种方式，弥补些许儿时的亏欠。

F主动与老公沟通并道歉。没想到，一个堂堂七尺男儿，竟被感动得红了眼。

后来弟妹们相继结婚生子。F和老公两次深谈后，理智地确立了大家庭相处的分寸感。既不损家人间的亲密，又拥有各自清晰的边界。

他们因此拥有了婚姻里难能可贵的良性循环：时时自省，坦诚沟通，积极改善关系，夫妻感情越来越好。

因为亲密关系的稳固，他们更加懂得在双方家人面前维护彼此。结婚十几年，老公的弟妹十分敬重F这位大嫂，关系处得亲密融洽。F那原本苛刻挑剔的公公，也对这位儿媳妇礼让三分。

婚姻需要理解和尊重，需要接纳与宽容，需要用智慧去经营。

但具备自省力，才是婚姻里最重要的智慧，也是一切经营的前提。

二十几岁时，我曾是个争强好胜到不讲理的人。特别是感情里。

永不认错，永不低头，时时刻刻摆出一副“你爱我就该惯着我”的臭德行。

结婚后，我毫无悬念地把这些毛病统统带进婚姻里。

他若说：“炒这种青菜最好不要放酱油。”

我永远不会思考“改成放米醋会不会口感更清脆”，而是立即跳脚：“有本事你炒啊，做给你吃就不错了，还这么多臭毛病！”

他建议：“晾衬衣前一定要把褶皱抻平，否则晾干后不容易熨开。”

我绝不会拿来作为生活小百科记录下来，只会当场炸毛：“你还经常把洗衣液倒多了呢，还有脸说我！”

很长时间里，我容不下对方对我的任何一丝否定。只要他指出我一点问题，我一定拎出他更大的失误来对质。我一定将他比下去，压下去，找出他比我更差的短板，然后暗暗得意：你比我也好不到哪去！

那几年，我的状态就像一只好斗的公鸡，毛发直立，剑拔弩张，时时刻刻准备打一场胜仗。

在这样的情感状态里，能有几分幸福，可想而知。

十年漫漫，跌跌撞撞走过去。婚姻让我懂得了一个深刻的道理——比起装睡的人，更难叫醒的，是不肯自省的人。

从谈恋爱时的甜齁齁腻歪歪，到结婚后气冲冲地争吵，再到现在，终于可以在安静的夜里坐下来，平心静气泡壶茶，把要解决的事，有一说一、风清月明地摊开了聊一聊。

你哪里不对，我哪里不好。最终，我能低头，你亦肯弯腰。

在对方的宽容之中自省，才对得起这宽容。

而在他人的宽容里变本加厉，宽容就成了纵容。

我并不想刻意贬低男人，但在现实婚姻里，男人的自省力，普遍比女人弱得多。

只出钱不出爱，回家就甩手当大爷的。

把向妻子道歉当作毕生最大耻辱的。

做错事打死都不认也不改的。

终日一副“老子天下无敌”德行的。

比比皆是。

每当我在公众号发文，写写婚姻里红尘男女的各自弱点，聊聊女人婚后种种艰辛不易的时候，后台时常有人留言：你们这种女人，要觉得男人不好，有本事永远别结婚别找男人。

无语。

我并不是愤恨，我是心疼他们的另一半。一个女人在婚姻里的幸福，离不开一个男人的成全。而这种狂妄自大的直男癌，从来不具备创造幸福的能力。

婚姻里，那些永不反省、永不认错、死不改过的人，表面上看是倔强和执拗，背后隐藏的，都是深深的自卑和缺失的担当。

他们不敢正视错误，因为害怕承担责任。

这几年，经历了婚姻里的爱与恨，怕与痛，时常觉得自己突然间像开悟了一般，懂得了那些圣贤之训——静坐常思己过，每日三省吾身。

当一个人停止反思自己，便意味着，他就此止步。而更残酷的现实是——不进则退。

前几天下班回家，叫了辆专车。司机头发花白，提及年龄，不过才五十多。

他一路跟我聊着："前些年下岗，四处打工，也没挣到钱。全靠老婆在食品厂那点工资养家。现在赶上网络时代，能靠技术开个专车，挣点钱让老婆高兴。"

我说："你对太太真好。"

他说："年轻时气盛，也总吵，现在想想，人家跟了我一辈子，没享过福，现在老了，更该对老伴儿好点。"

他在前排乐呵呵地笑着，我在后座听得湿了眼。

众生皆苦。

当一个人愿意对自己检视和反思，他就对爱的人，有了不舍与慈悲。

而这些，就是艰难婚姻里，最珍贵的那一点甜。

没有底线的婚姻，都是圣母配渣男

所谓体谅，不是他一再出轨你还要检讨自己为他开脱。
所谓接纳，不是他自私冷血你还要逃避真相自欺欺人。

她说，自己一直是个缺乏主见的人。

家人安排了相亲，便去见了。

不觉得多好，也没觉得多坏。

后来相处，发现男人脾气很差。不咸不淡地处了半年，拖拖拉拉想分手，可两家父母却开始催促定亲、登记。

亲戚们撮合：男人不结婚，永远长不大，过起日子慢慢就好了。

她默默想：好吧，或许结了婚就好了。

就这样嫁了。

婚后大大小小争吵不断。

她独自垂泪，他独自酣睡。

别人劝她：男人不当爹，怎么能成熟呢？有了孩子就好了。

就这样生了。

因为是女儿。尝尽婆婆冷脸，月子艰难。

男人依旧在外打牌喝酒。一切，都没有因孩子而变好。

可又能怎么样呢？孩子这么小，她不再敢轻言离婚。只能忍。

后来男人出轨，跟小镇上风骚的交际花厮混。她叹气：算了，好歹晚上还能回家。

后来男人肆无忌惮彻夜不归。她自我安慰：由他去吧，好歹他并没有提离婚啊。

再后来男人变本加厉，耍酒疯，将她打得鼻青脸肿。

她依旧自欺欺人：他只是喝多了，醒酒后也知道后悔的。

那些当年劝她忍的人，开始劝她离婚。

可她说：或许等他老了就好了。孩子不能没爸爸。

凄风苦雨，暗夜如刀，她就这样在无奈和煎熬中衰老，彻底变成安弱守雌、听天由命的妇人。

这是真实的人和事。

而且，这样的人和事，并非少数。

她说：我是一步错，步步错。

我说：你是一步退，步步退。

总是退的人，终有一天，会无路可退。

这一出悲剧，看似皆因男人。

但细思起来，其实女人都有戏份。

婚姻里，一个人无原则，另一个就会有恃无恐。

这一方无底线，那一方就敢肆无忌惮。

女人软弱纵容，就是在给暴戾推波助澜。

婚姻不设底线，都是在亲自孵化渣男。

几年前，在经历了围城岁月里的一地鸡毛之后，在走过了那段矛盾挣扎的煎熬时光之后，我最大的收获就是厘清了我对婚姻的基本原则，这三点对我来说，是不能触碰的底线：

第一，暴力。

回头想想，我最想离婚的时候，就是频繁冷战的那个阶段。那是我们给彼此的无声的对抗和无形的暴力。所幸那个阶段很快结束，才有了后来的修复。

很多女人以为，只有动手才叫暴力。

其实，家暴还包括语言暴力和冷暴力。

一种是侮辱谩骂、恶毒诅咒，张口闭口让对方去死。

一种是常年冷战，不理睬、不交流、不回应。

前者是一盆火扣下来，将人灼伤。

后者是一块冰罩过来，令人绝望。

这是一种人格侮辱，更是一种精神折磨，这些杀伤力，甚至比肉体伤害更严重。

第二，不爱。

在我心里，有一种情况，即使没有出轨，也注定无法继续。

那就是不再爱。

“我没爱上别人，我只是不爱你了。”

我不再对你有任何感情，同时也不再有任何责任。

从此，屋檐下住了两个最熟悉的陌生人。

这不是婚姻，只是合租人。

在修复感情的几次深谈中，我曾对另一半坦言：我可以接受没有钱，但不能容忍没有爱。我可以与你过苦日子，但不能与你继续没有感情的婚姻。

女人对爱的需求，就像植物需要水。没有爱的婚姻只能枯萎。

不出轨，只是对婚姻基本的忠诚。

而爱，才是对婚姻最大的责任。

第三，为钱反目。

好友李筱懿写过一篇《好婚姻的三个标准》：“同一口锅里吃饭，同一张床上睡觉，知道对方有多少钱。”

多少夫妻，两个海誓山盟共白头的人，最后成为锱铢必较，为钱反目的仇人。

你悄悄给婆家买房，我偷偷给娘家塞钱。你藏你的小金库，我打我的小算盘。

两个人结婚，就是人生合伙人。谈钱不伤感情，谈感情也不伤钱。

婚姻里，一个家庭的收入、开支、储蓄、规划，应该开诚布公、光明磊落、有商有量。

我无法接受原本为爱走在一起的两个人，最后为了钱而撒谎欺瞒、提防戒备，相互算计和欺骗。

若到这一步，那就让我们一拍两散，再明明白白地算钱。

我的底线并没有什么借鉴意义，因为它只对我有意义。

就如同一千个人眼里有一千个哈姆雷特。一千个人心中，对婚姻有一千种不同的标准——

安吉丽娜·朱莉会因教育理念不合而与皮特离婚。

王菲会因夫妻缘尽而与李亚鹏分手。

徐帆认为自家老公是男的出轨横竖不吃亏。

谢杏芳选择支持那个知错会改有担当的男人。

你会发现，每个人的底线都不一样。

有人为孩子，有人为财产，有人为名分，有人为尊严，也有人只为爱，与其他都无关。

女人们痛斥渣男遍野，男人们抱怨渣女横行。没有底线的婚姻，结局就是——你一直装瞎，TA越来越渣。

我写过很多经营婚姻的文章，但有一点前提：婚姻里所有接纳、体谅、宽容，都应该是建立在正常范畴之内。

所谓体谅，不是他一再出轨你还要检讨自己为他开脱。

所谓接纳，不是他自私冷血你还要逃避真相自欺欺人。

你若把忠诚放在婚姻的首位，他就会懂什么叫一次不忠百次不容。

你若将尊重视为基本准则，他就不敢肆意妄为再三挑衅。

当他第一次向你挥起拳头的时候，你就要让他付出代价。

当他第一次践踏你尊严的时候，你就要让他知道后果。

你只有拿出自己的骨气，才有被重视被敬畏的威严。

而当你，错把懦弱当包容，把纵容当慈悲，把忍辱当美德，把不作为当智慧的时候，你的婚姻，就是培养渣男得寸进尺的温床。他只会在你眼皮底下越发明目张胆、变本加厉。

情爱很感性，婚姻也很现实。任何时候，都要为自己设置包容和忍耐的底线。这是婚姻的城池边界，也是自我保护的基本原则。

无论男人还是女人，无论爱情还是婚姻，任何时候，守住自己的底线。

底线之内，且行且珍惜。

底线之外，收起你的圣母心，决不忍，让他滚。

具备家庭责任感，才有资格谈成功

女人已不再依附男人生存，而是可以独立、精彩地生活。
她们的人生目标，不再是讨男人欢心，而是令自己欢喜。

许多年前，公司组织学习台湾某管理大师的讲座，视频中他描述了一段情景——

下属走进老板办公室，吃惊地问："王总，听说前几天您太太去世了？怎么没听您提过啊！"

老板淡定地回："一个女人而已，有什么大惊小怪的。"

我并不想断章取义，这段培训的核心内容是：管理者应具备情绪控制能力，不把私人感情带到工作中。

这本身没有问题，但他举的这个例子，夸张的描述，轻蔑的口气，让人极其反感。

中国自古就是男权社会，皇帝三宫六院七十二妃，睡的是谁都分不清。

达官显贵家家户户庭院深深，娶若干房小妾，娶回来就不管死活。

将士沙场征战，可以将自己的女人杀死，煮熟分食，以飨士兵，并且越是爱妾，越能令士气大增。

培训视频中那位老板与之如出一辙，用浓浓的直男癌气息向下属炫耀：死了个女人罢了，你看，老子根本不care。

好像只有这样，才能显示他多牛掰。

一位做记者的女友，在一次访谈活动中，向四位事业有成的男士问了同一个问题：你最大的成功是什么？

回答分别是：企业上市、扛过经济危机、产值破亿、海外分公司建成。

女友问：为什么家庭不在其列呢？

四人集体缄默不言。

时至千年之后的今天，“成功男士”的标配仍然只是事业成功、身价不菲、位高权重。

我有一个男性朋友，也是公认的“成功人士”，对事业蛮拼的，一年大概有300天都在外吃喝应酬。

我曾问他，全年能分多少时间给太太孩子？

他不以为然：男人在外要打拼、要赚钱，怎么还要求我们有多余的精力顾家？

我听后的直接反应是：咦，好奇怪，这不恰恰都是当今社会对女人的要求吗？

女人无论能力多强、职位多高、工作多努力，只要没伺候好孩子、没照顾好家庭，就统统前功尽弃。

而男人呢，不顾家是因为赚钱忙，态度差是因为工作多，脾气坏是因为压力大，甚至出轨，是因为身居高位有人倒贴……总之，事业一白遮百丑。

男人对成功的定义里，不包括经营婚姻、疼爱妻子儿女。他们习惯向外延展，而不屑于向内精进。

几乎所有人都这么认为——男人就该志在四方义薄云天，轰轰烈烈干事业。并且，干起事业要六亲不认铁面无私，挥剑斩情丝三过家门而不入。

让小家幸福，讨妻儿开心，不在“干大事”之列。

不光男人，很多女人也是这样认为的。男人每天乐呵呵地买早饭、对家庭全心全意付出，只要挣不到大钱，一律都是“没用”。

所以，我们的小男孩，被过早地教育成了“小小男子汉”，被剥夺了儿女情长的权利，错失了对爱与柔情的体验。

我们的小女孩，只知道“霸道总裁爱上我”的玛丽苏脑残情节，幻想着心上人驾着七彩祥云将她娶进豪宅。

这样的男孩女孩走进婚姻后，女人怨男人不够爱，男人嫌女人要得多，女人越发像怨妇，男人越发不着家。结论：婚姻是爱情的坟墓。

我们的守寡式婚姻和丧偶式育儿，都是这么来的。

每个人对成功的定义不同。有人要建功立业，挥斥方遒，功成名就。有人要安居乐业，琴瑟调和，平安喜乐。

无论哪种选择，没有家庭责任感，都不足以谈成功。

男人的家庭责任感，并不是非要日日锅碗灶台洗衣做饭，而是勇于担当的态度，和主动自觉的行动。

家中亲戚有位表姨，姨父是军人，部队长驻海南，从新婚就两地分居，一年只有寥寥几次探亲机会。

姨父每次回来，都把日程安排到满——白天陪孩子逛公园、讲故事、做游戏，晚上哄孩子睡后，他拆洗被褥、更换窗帘、清洁厨房厕所、给表姨打洗脚水、帮她按摩、陪她聊天说私房话，另外，每天连夜去院子里做几十个蜂窝煤球，晾干摞好，整齐地摆在厨房的墙边。

他恨不能把一年的家务都干完。他用这种方式，表达对妻子的爱，弥补对家庭的亏欠。

那些年，他们聚少离多，表姨独自带孩子，生活再艰难，内心始终知足，不曾有过怨怒。

多年以后，表姨得以调动，随军定居海南，姨夫到四十多岁，晋升遭遇瓶颈，最后选择转业。

他并未功成名就，也未能官至高位，但他让妻女始终活在爱里，表姨如今年过五十，明显比同龄人年轻。女儿亦考入名校，成长为阳光少女。

身为丈夫，他给了妻女力所能及的最大的幸福。这已是成功。

有人说："中国女人已经觉醒，而中国男人依然活在大清。"

女人已不再依附男人生存，而是可以独立、精彩地生活。她们的人生目标，不再是讨男人欢心，而是令自己欢喜。

从男尊女卑到男女平等，从歧视女性到尊重女性，这是时代和文明进步带来的必然改变。

而中国男人最需要改进的，首先是抛弃大男子主义，与女人共同承担责任、共同经营婚姻家庭。

奥巴马在告别演说中，深情感谢妻子米歇尔："过去二十五年中，你不仅仅是我的妻子，孩子的母亲，也是我最好的朋友。你担任了一个不是你争取来的职责，但是你的优雅、勇气和幽默都给这个身份烙上了你自己的印记。”

然后对两个女儿说：“在我的一生中，我为成为你们的父亲而自豪。”

即使是总统也会卸任，而丈夫和父亲，却是一生的角色。

对家庭珍惜、感恩、负责任的男人，才有资格谈成功。

如果他爱你，眼里会有疼惜

春宵一刻再值千金，也仅仅是一刻。
而此生漫长岁月，更多时光要理性度过。
感性恋爱，理性结婚。

“姑娘别傻，你可以随心所欲恋爱，但一定不要随便私订终身生儿育女。”

这话，是我十四年前从我的Boss那里听到的。

当然不是说给我的，而是教导他女儿的。

Boss女儿比我小一岁，也是我的朋友，当时在澳洲留学。

而我那时也是二十出头的黄毛丫头，给Boss做助理。

某次一起闲话家常，听Boss和太太讨论这个问题，他们的一致观点是：不反对女儿在国外谈恋爱，但必须保护好自己，不能轻易怀孕生孩子。

Boss对我说：“你们这些年轻孩子，只知道谈恋爱的浪漫，哪懂以后的艰难。”

我是数年之后才懂，为什么为人父母，都会有如此隐忧。

不成熟的生育，是对女人和孩子的双重不负责任

闪爱，闪婚，闪生，闪离。

前前后后一年多，小A镜头快进般地把四个步骤走完了。

当初，俩人一见倾心干柴烈火，当月滚完床单，次月中奖两条杠，两个月后火速举办婚礼，半年后孩子出生。

大胖儿子的百日宴摆完没多久，经历了老公酗酒、婆媳大战、妯娌撕逼之后，她抱着孩子，拉着一车用了半年多的旧家具，搬离了前夫的住处。

小A说，鬼知道我这一年是怎么过来的。

富裕又保守的婆家，家规森严，对未婚先孕的儿媳，从一开始就充满鄙夷。

精明势利的婆家兄嫂，认定小A拿孩子争家产心机深重，处处针锋相对冷嘲热讽。

浪荡成性的老公，婚后原形毕现，只顾逍遥洒脱来去如风，对母子二人不闻不问。

这就是奋不顾身的爱情。轰轰烈烈过后，只剩一地鸡毛。

爱可以做，婚可以结，被激情冲昏头脑的姑娘却不懂得，生孩子意味着什么。

那是对婚姻的最大考验，那是对一个生命的彻底负责。

草率结婚， 草率生育，都是极大的不负责任。

更无辜的是孩子，要为两个成年人的冲动承担后果。

“没经过恋爱期的了解、接纳和融合，别轻易结婚。没经历结婚后的磨合、沟通和适应，别急于生孩子。”

这是小A在成为单亲妈妈之后，痛定思痛总结出的教训。

生育不可逆，尤其对女人

从前听女人后悔嫁错人的哭诉，我一度很不解：当初不都是自己心甘情愿的选择吗?

而在汇总了种种案例之后，我发现超一半的情况，都是因为意外怀孕后的将错就错。

原本没决定结婚，但发现怀孕了。

本来打算分手，但发现怀孕了。

一开始就知道不合适，但发现怀孕了。

这些姑娘，总让人感觉可怜又可气——你们早干吗去了?

就像小C，恋爱谈了近一年，小矛盾不断。没经验的姑娘陷入迷茫，有过来人支招儿：旅行见人品，一趟玩回来，就能确定嫁不嫁了。

于是决定去云南玩一圈。果然，前两天的甜蜜期俩人还能互相迁就，第三天新鲜劲一过，在大理去丽江的路上就开吵了。

一个要住民宿客栈，一个想住星级酒店。

一个想走马观花玩个遍，一个要只选俩景点深度游。

玉龙雪山还没等爬，小C就被气哭了。

回家后，小C一气之下把旅行费用AA结算完，提出分手。男友不情愿，拖拖拉拉一个多月，小C悲催地发现，怀孕了。

事已至此，生米熟饭，迫于多方压力和传统观念，只有嫁了。

这才是鸡飞狗跳日子的真正开端。

不到一年，小C脸上胖嘟嘟的婴儿肥不见了，两颊垮塌，眼窝深陷。那是无数日夜里，面对一个三观不合话不投机半句多的人，无法抑制的心累和绝望。

小C说，如果没有孩子，我铁定跟他离婚。

是的。太多女人和小C一样，不是不想离，只是一想到孩子就没勇气。也不是不想好好过下去，只是谈何容易。

最终，摇摆来去，纠缠往复，耗在凑合和将就里。

生育是不可逆的过程。女人要承担的责任，要付出的代价，从来无人能代替。

这是天性使然。即使是漆黑长夜里你孤立无援，即使在无爱婚姻里你孤军奋战。

自古多是薄情男人甩手不管，而当妈的女人却从无豁免。

你有权支配身体，就要做好准备为后果负责

曾有个大四女生向我私信：

“恋爱半年多，男友一直要求发生关系，但我拒绝，因为我在家教很严的家庭里长大，思想比较保守。我觉得我们还没毕业，也从未见过双方家长，至少要等关系确定下来之后才可以。男友很不满，说我再不同意就分手。难道我这样就错了吗？”

当然没错。

我知道，这样保守的观点早已经落后于这个充斥着约炮、出轨、一夜情的开放时代。

但我还是想告诉所有年轻姑娘，当你对一个人没把握、对一段感情不确定的时候，洁身自爱不是错。

永远不要轻信男人“爱我就给我”的论调，永远不要拿自己的身体去试错，永远不要因为爱一个人，就放弃对自己最基本的防护。

我见过许多女孩昂着青春脸庞，志得意满信誓旦旦：“我有权支配我的身体。”

没错，你有权支配自己的身体，但你有能力为后果负责吗？

中国每年的人工流产多达1300万人次。这还不包括药物流产和在未注册的私人诊所做的数字。还有医院数据显示，重复人工流产率（两次及以上人工流产）高达46.62%，而半年时间内再次流产率近2%。

如果“有权支配自己的身体”就是不计后果一晌贪欢，然后再被医院轻描淡写的人流广告语误导，傻乎乎地相信无痛就等于无伤害，义无反顾地躺上手术台，这才不是勇敢，而是愚蠢。

还有姑娘满面愁容一脸为难：“他不愿意用安全套，我也没办法。”

呵呵，我只能告诉你，这种事，是两个人的放任，一个人的痛。

“不小心”的结果，如果要留，你极可能重复小A和小C的故事。

如果不留，你极有可能承担感染、粘连、不孕不育的风险。

总之，所有意外的后果，无一例外都是女人承担。

别随随便便怀孕，别稀里糊涂当妈

我从不否认爱情的美好。

爱情是世间最浪漫最美妙的情愫，它能满足感官的享受，也能满足内心的渴求。精神的，身体的，情感的，肉欲的。

它为我们疗愈创痛，抚平伤口，也带我们上天入地，无所不能。

享受爱，享受激情与美妙，但永远不要被短暂的欢愉冲昏头脑。

春宵一刻再值千金，也仅仅是一刻。而此生漫长岁月，更多时光要理性度过。

感性恋爱，理性结婚。

用两个人真正的爱，去迎接一个新生命到来。

在此之前，别随随便便怀孕，稀里糊涂当妈。

杜拉斯说过：如果男人爱你，眼里会有疼惜。如果不爱，就只有欲望。

姑娘你一定要记得，永远不要仅仅因为欲望，而让自己的人生，走不该走的弯路，撞不必要的南墙。

男人都不知道，女人其实多好哄

被婚姻打磨过几年的女人，
要的并不是那种腻歪歪齁死人的甜言蜜语。
她真正想要的，是这个让她付出操劳的男人，
对她的关注、理解和珍惜。

朋友小聚，戚哥带嫂子一起。席间小酒一喝，男人们很快就嗨起来，嗓门越说越大，牛皮越吹越响，大有不醉不归之势。戚嫂脸上阴云渐起，愤愤对我说："真烦他，一喝酒就没完没了地胡诌八扯。"

见戚嫂不悦，我们赶紧维持秩序，赶紧找点男女共聊的话题。然后，就一竿子指向了二胎大计。

朋友问戚哥："不考虑二胎吗？你们这年龄正合适，老大也上学了，人家好多四十多的都要呢！"

"来来来，喝完这顿都戒酒，回家封山育林。"大家七嘴八舌

地调侃起来。

戚哥沉默几秒后，摇头："不要了，说啥也不能让媳妇再遭那个罪。"

原来，戚嫂当年生产过程极为波折。宫缩近四十个小时，疼得死去活来，好不容易产下七斤六两的儿子，戚哥在产房门外，还未等笑逐颜开，紧接着被医生告知胎盘粘连，必须紧急剖宫取出。手术本不复杂，却又意外大出血，医生抢救了三个小时，才把戚嫂一条命从鬼门关上拉回来。

我转过头，看见戚嫂原本紧绷的脸一下子柔软下来，眼里竟然蓄了泪。

女人的心，就是这么软，一句暖话，再硬的个性，再倔的脾气，也瞬间融化。

两年前，我在北京新书分享会上第一次见沈总。在此之前我们在网上已有过多次交流。他是我为数不多的男读者之一，一家电商公司的老板，两个孩子的父亲。

沈总的大儿子已十几岁，正值叛逆青春期。某次因一点小事无理取闹，向妈妈大发脾气。沈太太很委屈，又拿半大孩子无可奈何。这个关口他站出来，严厉地批评了儿子，并要求儿子向太太正式道歉。

儿子很倔，起初不肯。

沈总严肃地说："她是你的妈妈，我的老婆，我从来都没有用这种态度对过她，你凭什么可以？你心情不好，冲妈妈发火，可你想过没有，你的妈妈已经没有妈妈了，她受了委屈向谁说？"

儿子沉默半晌，最终认错，向妈妈诚恳道歉。

他向我讲了这事，让我感慨良久。

一件看似寻常的家庭小事，一个男人的寥寥数语，看似只是一个父亲管教孩子的威严，而在另一个层面，却是给妻子无限的尊重和支持。

沈总说，他明显感觉到，自那次事件之后，太太对他更加理解，更加体贴，老夫老妻的感情，没想到在中年竟又得到一次升华。

他坦言，在此之前，他完全没有想到，这件事会带给妻子如此之大的感动。他自己也受到了前所未有的触动，做了近二十年夫妻，才知道女人心底，对这些细腻的体恤，竟是如此需要，如此在意。

所有关于亲密关系的课程中，都会提到"爱的五种语言"。其中排第一位的，就是"肯定的言辞"。

认可、鼓励、赞美、感谢。这些话，我们对外人张口即来易如反掌，换作对婚姻伴侣表达，却千难万难。尤其让直男来说，简直是难于上青天。

语言表达方面，他们有先天的劣势。

有研究数据表明，女人一天大约要说两万字，而男人只有七千字，在总量上先被PK了下去。

而最关键的是，他们并不懂，这些话对女人有多重要。

我曾经直言不讳地问过我家的直男老公。

他认真地答："你不是说过，你们早过了耳听爱情的年纪吗？"

妈蛋，我是说我们到了熟女这个年纪，不光听语言，还要看行动，并不是说我从此就聋了啊！

李碧华曾说：一个女人，要有多少爱，才甘愿站在厨房边把那堆碗洗干净。

说到底，被婚姻打磨过几年的女人，要的并不是那种腻歪歪齁死人的甜言蜜语。

她真正想要的，是这个让她付出操劳的男人，对她的关注、理解和珍惜。

客观地说中国女人有着东方女性最传统的优点：善良、无私、不保留。

她们对感情全情投入，对家庭全力以赴。

也是因为这样的全心付出毫无保留，让她们可气又可爱。

一边像小学生一样，满含期望盼着得到一句表扬一句肯定。

一边又故作冷漠，启动反向验证——“反正你就是不爱我，你心里根本没有我，我对你一点也不重要。”

男人懂了吗？每当这个时候，她在等的，是你当机立断、坚定不移、雷厉风行的否决——“谁说的？你最重要！”

看，女人就是这么好哄。

男人觉得女人难哄，多半是没哄到点子上。马屁拍到马腿上，谁能爽？

那些脑残偶像剧里的情节，动辄一把抓过来壁咚激吻，恋爱阶段玩玩还可以。已婚女人没人稀罕这套，就跟她不再相信朝霸道总裁身上泼杯水，就因率真而被爱上一样。

男人们啊，这才是哄女人的最高段位——先化解委屈，再表达深情。

若你曾经让她伤过心，愿你从此学着长点心。

婆媳势不两立，一定是男人在逃避

疼老婆，老婆接受了来自你的爱，
才能对你的家人给出爱，才甘愿对婆婆好。
爱老妈，老妈发现你没有娶了媳妇忘了娘，
才不会拿儿媳当敌人，才愿意多疼她。

曾在公众号上发布关于婆媳话题的文章，评论留言几百条，我在后台不停地往外放，但很快就达到了一百条的上限。

其中一条触目惊心：生孩子时难产，几十个小时仍生不出来，婆婆坚持剖腹产对孩子不好，不肯签字，导致孩子窒息而亡。我恨她，怎么努力也无法原谅她。这种情况还要去经营吗？

说实话，以我的性子，直接反应就是：经营个屁！

我强迫自己平复了一分钟，没打出这些话。作为一个生过孩子的人，那一刻我的心情无法言说。她把这样的伤痛再一次披露给我，必定万千痛苦煎熬。我说这种屁话又有什么用呢？

我特别理解她，真的，无法不恨。

但我更想问的是：男人呢？男人干吗去了？

婆媳关系再怎么需要经营，最终的好与坏，男人都起着至关重要的作用。无一例外，那些婆与媳水火不容的、公开撕逼的、势不两立的，背后一定有一个男人在逃避。

因为他的逃避，让女人越发肆无忌惮任意妄为。媳妇敢明目张胆挑衅婆婆，婆婆敢理所当然欺侮媳妇。

媳妇的潜台词是：你儿子都得听我的，你个老不死的算老几？

婆婆的心里话是：我儿子是我生的，你一个外人算什么东西？

任何一方的恶劣行径，都是男人给的默许。

婆媳之争，表面看，是两个女人太强。而真相是，男人太弱。

男人的不担当，导致了他在家庭里的弱势地位。而当一个男人弱，两个女人就都想强——媳妇想当家做主，手持凤印登上唯一的女主人宝座。婆婆急于保护，生怕儿子被贱人算计了受欺负。

当一山难容二虎，男人的辩白都是：我调解过，可她们不听啊，我也没办法。

她们为什么不听？因为你没有威信。

男人的威信从哪来？不是吆五喝六耍威风，也不是挣几个臭钱就回家当大老爷。男人的威信来自于担当。

男人在家庭中有担当，两个女人便不会是撕破脸皮死对头的狰狞模样。一则她们肯体谅，男人是自己的至亲，不愿让他过多为难。二则她们会顾忌，看在男人的面子上，肯多些包容与忍让。

可是当男人什么都不承担，两个女人就只剩下委屈和抱怨。媳妇得不到丈夫的疼爱和体恤，觉得都是婆婆作梗。婆婆失去了儿子的孝顺和亲近，认为全是媳妇挑拨。最终，婆媳关系，变成了女人间的厮打。她们将剑尖略过男人刺向彼此，成了公开的死敌。

在婆媳问题上，我自己也走过弯路碰过壁。我不是想给媳妇们出头，也不是想替婆婆们开脱。女人这两个角色，真的没有一个是容易的。

听过那么多倾诉，看过那么多真实案例，我更加觉得当下的男人，太需要在这方面成长了。在外个个逞能好胜吹牛逼，到了需要他们挺身而出相互协调的家事上，不但成了缩头乌龟，自己还叫苦不迭，说女人事多，唯女子与小人难养。

可是若不是因为你，这两个女人的人生怎么会有交集，婆婆认识儿媳是哪根葱？儿媳又知道婆婆是哪头蒜？

我的公众号上曾经转了网上一篇《有孩子的头两年你不帮我，你老了也别来烦我》引起热议。这让我想起一个朋友，我儿子同学的妈妈。

我们比较熟络，曾经聊过婆媳问题。从有了孩子，她婆婆未曾帮过一天，连一块尿布都不肯帮忙洗。自己的母亲因病勉强能自理，更是指望不上。她被迫辞职在家带孩子，直到熬过最难的前三年。但我从未见她有半分抱怨，跟婆家也保持着正常的走动往来。

她说：婆婆帮我我就感激，不帮我也没怨言，我自己的孩子我自己带。

我很佩服如此理性淡定的女人。但在后来的深聊中，我找到了原因——她的先生做得特别好，从孩子出生就主动承担起重任，力所能及的家务都抢着干，不舍得让媳妇太辛苦，更感激她为家庭为孩子所做的牺牲，尤其在媳妇不上班没收入这件事上，绝不允许外人有半句挑剔。

这样的女人，精神上是富足的。这世上最该疼爱她的人，在她最脆弱的时候，给了她足够的疼爱。至于其他人，她便不会苛责挑剔。

若男人心安理得地做着甩手掌柜，奶粉不冲尿布不洗，任媳妇在无数个日夜孤军奋战四下无依，任凭婆婆跳着广场舞说着风凉话，女人再宽容再强大，也无法不怨怼。

婆媳相处，不可能毫无龃龉。当两个女人一方有失分寸，言行偏颇，你能不能拿出男人的立场和威严，客观中肯地协调，尽心竭力地付出，把你打游戏闯关升级的本事拿出一部分，走走心，动动脑——婆婆苛刻，媳妇受了委屈，你就给老婆多点宠爱，多说点甜言蜜语。媳妇挑剔，婆婆心中不悦，你就给老妈多几句宽慰，多表表孝心。

你什么都不做，就指望两个女人和平共处亲如母女天下太平，简直就是痴人说梦。

别再动辄说受夹板气多辛苦，也别再拿“男人天生不会干这些”当幌子。谁天生就会？

你第一次做丈夫，女人也第一次做妻子，同样都是头一回面对这样复杂的关系和问题。传统教育只给男人灌输了“事业第一”的逻辑，直男癌都跟着起哄：一个大男人成天为了娘们儿这点鸡毛蒜皮的破事左支右绌，累不累？

那你还喊什么齐家治国平天下？让家庭幸福，才是人生第一要务好吗！

有的男人，一见老妈不爽，就不分是非，一味愚孝。他们成就了那些为老不尊得寸进尺的婆婆。

也有的男人，一遇媳妇撒娇，就立即精虫上脑，只顾怜香惜玉。他们培养了那些毫无孝道自私冷血的儿媳。

还有的男人，双商皆低，还偏偏自以为是，传不该传的话，表不该表的态，全然不知自己才是挑起事端的战争贩子。

文章开头，那个在妻儿命悬一线却任由婆婆胡作非为不签字的男人，和那些纵容媳妇虐待欺凌婆婆的男人，都是混蛋。

男人们尽早成熟起来吧。老婆和老妈，都是你的至亲。

疼老婆，老婆接受了来自你的爱，才能对你的家人给出爱，才甘愿对婆婆好。爱老妈，老妈发现你没有娶了媳妇忘了娘，才不会拿儿媳当敌人，才愿意多疼她。这才是良性循环啊。

别动不动嫌累。生而为人，谁比谁容易？

没想明白这四点，别急着跟风生二胎

我们把TA带来这个世界，就应该让TA享受爱。
我们要去创造一个生命，就应该保持对生命的敬畏和尊重。

看了条新闻：全面二胎政策满一年后，山东新出生人口177万，其中二胎占63.3%。我们大山东，光荣成为全国“最敢生”的省份。

我被这大数据惊呆。原来山东妈妈这么猛。

细想其实不意外，去年一年，我真切感觉到，我身边近一半的女性友人，不是在生二胎，就是在怀二胎，不是在怀二胎，就是在准备怀二胎。

我曾问一个女友：“你和老公都很想要二胎吗？”

她说：“本来也没多想要。周围的人都生，成天被催着问，算了，那就要吧。”

呃，这也行?

到底要不要二胎，我曾和几个读者认真探讨过。其实我从不排斥二胎，也很羡慕有两个孩子的家庭，我反对的是，盲目跟风生二胎。

有人是被父母长辈催着不情愿地生。

有人是被周围环境影响稀里糊涂地生。

有人连一胎都要送到老家寄养仍然大无畏地生。

有人背着沉重贷款入不敷出为了要儿子/女儿拼命也要生。

还有人一看有政策好像不生就亏了似的跟着生。

我相信在爱面前，困难可以想办法克服。

可这些不理智的父母，生得如此随意盲目，对孩子负责任吗?

生育对家庭、对人生，都是件严肃而重大的事。我认为几个关键因素，必须要考虑。

一、健康

女人三十五岁之后，卵子质量明显下降。而男人到了这个年龄，也往往抽烟喝酒应酬多。如果想要二胎，夫妻双方必须锻炼身体，认真体检，严遵医嘱，排除隐患。这是对自己负责任，更是对孩子负责任。

两年前一个熟人，孕期唐筛高危，医生建议做羊膜穿刺进一步确认。夫妻俩不以为然：“怀老大时候查都没查，不也好好的？”

后来孩子顺利出生，白白胖胖，两人更是坚信不疑：“现在的医院，就是变着法儿地坑钱。”然而一岁后孩子出现异常，跑遍各大医院，现在已确诊了智力问题。

有个医生朋友吐槽：“政策一放开，年近五十的大妈也想怀二胎，患有严重慢性病的也想怀二胎，都疯了吗？”

真的，生孩子不是目标，生一个健康的孩子才是目标啊。

二、经济

一提养孩子花钱，就有人跳出来说：老辈儿穷得吃不上饭，生十个八个不也照样养大了？

只能呵呵。

每个人对生活质量的要求有高有低，但多养一个孩子，就多一份实实在在的支出，这是无法回避的现实。从奶粉尿片、游泳抚触到辅食早教、玩具绘本，再到幼儿园、兴趣班，还有以后的择校费用、家教补习，哪样都是真金白银。

还有一个更残酷的现实——儿童血液病专家说：从中国目前的大数据来看，得白血病的孩子，仍是低收入的贫穷家庭居多。因为他们习惯省吃俭用，吃最便宜的食物，穿最廉价的衣服，装修用最差的建材。

先莫说穷养富养，我们首先不能牺牲健康。并不是说穷人不能生二胎，但我们真的要衡量，能不能给孩子生活质量的保障。

三、人手

前几天我问一个二胎妈妈："你觉得生二胎最重要的条件是什么？"

她毫不犹豫地答："家里有人！"

一语道破天机。

说到底，打败二胎念头的只有两个字：谁看？

鸡汤都说得头头是道：不要错过孩子的成长，不要让孩子成为留守儿童，不要做只生不养的父母。

每对父母都想亲力亲为去养育自己的孩子，而现实呢？女员工法定产假只有几个月，男员工七天，然后呢？他们不需要上班赚奶粉钱吗？

经济好些的，请个保姆或育儿嫂。但看看网上爆出那些虐待孩子的视频，哪个父母不捏一把冷汗，没人敢把襁褓中的亲生骨肉完全托付给陌生人。

最终的解决方案大多是：请父母帮忙。有的老人多病，自顾不暇，有的观念不合，难以相处，即使能提供帮助，做儿女的也依然内疚——他们本该享受轻松自在的晚年。

最后，女人只能牺牲自己，辞掉工作，成为全职妈妈。而她们的权益谁保障？你原以为失去工作，收获一双儿女，可万一哪天情变，打起离婚官司，你可能会因没有收入来源而无力争夺孩子的抚养权……

所以，确定“生”之前，先解决“看”。

四、心态

首先是女人的自检：一胎的辛苦，跟老公、婆婆的龃龉，当年的产后抑郁，是否都已消除了阴影？再次养育一个新生命，有些路是必然要走的：身体的疲累、精神的操劳、体力的消耗……而这条路，妈妈注定承担最多。

男人更应该自省，相比起养育第一个孩子的茫然无措，是否更有经验，更有担当？这条路重走一次，夫妻两人是否能更成熟地面对，更理性地处理？

还有不可忽视的对大宝的关注，TA的心理变化，TA的情绪波动，TA对小弟弟（妹妹）的接纳，感情上的相融。

是否能理智地管理情绪，坦然接纳生活的再次改变，并甘愿为之付出，都是一场考验。心态上的准备，比任何准备都重要。

因为我们是什么样的心态，直接决定了给孩子什么样的教育。

如果因为一个新生命的到来，让家庭再次陷入歇斯底里的混乱，让婚姻重新走回相互抱怨的阶段，对彼此嫌弃，对孩子不耐烦，这就是最大的不负责任。

有人说：一胎时什么都不懂，照样稀里糊涂养大了，二胎有什么不能的。

我反对这个论调。正是因为养育一胎时走过弯路，二胎我们才应该更成熟。

永远不要跟风，也永远不要听谁说“你应该生”。

我们把TA带来这个世界，就应该让TA享受爱。

我们要去创造一个生命，就应该保持对生命的敬畏和尊重。

所以，生与不生，应该是一对成年人，基于家庭实际情况而做出的理智的决定。

女人不是讨厌当妈，而是痛恨隐形爸爸

学着当爸爸，共同承担生育责任，
是一个男人摆脱原生家庭、破茧重生、真正成熟的开始。

一度“当妈”这个话题从知乎上迅速以星火燎原之势席卷整个网络。有个被逼生娃的妹子，以生猛的实际行动，生生逼着全家调换了角色。

这篇文章的确让人看得过瘾。这姑娘，做了太多女人想做而不敢做也做不到的事——

实现老公一心当爹的梦想，但你必须要把屎把尿。

满足老人传宗接代的心愿，但你们要集体上阵。

结局是：男人日夜辛苦，公婆险被虐哭，爹妈俯首称臣。

一时间，众多女人集体沸腾，拍手称快。还有人说，要是早几年看到这办法就好了。

这些点赞的、叫好的、过足了干瘾的，是一大批在现实中辛酸又无奈的妈妈。

我觉得有点悲哀。

中国女人，为什么当妈当得这么累？为什么被生娃养娃吓怕了？

答案只有一个：因为隐形爸爸太多了。

心理学家武志红曾写过：中国人的情感模式就是找妈。

这一点，在男人身上尤其明显。

娶了老婆，就意味着，有人替你操持家务，生儿育女，侍奉父母，打点一切。

婚姻的本质是一场合作，夫妻的真相就是人生合伙人。既是如此，权利义务就应该是对等的。

而现实是——

男人花十分钟播种，女人用十月怀胎。

男人兴奋等在产房外，女人独自走过鬼门关。

男人喝酒打球吃吃睡睡，女人哺乳洗涮日夜无休。

妈妈生，妈妈养，其他人只负责来欣赏。

宝宝笑的时候，他会说：真乖啊！

宝宝哭的时候，变成了：烦死啦！

外人面前，他会说：看，这是我儿子！

回到家里，变成了：快，快去找妈妈！

你以为，一个生过孩子的女人，一个经历过等同于十根肋骨同时断掉的阵痛的女人，一个承受过腹部剖开一刀、会阴来上一剪的女人，一个承受过撕裂般开奶的女人，怕的是那些哺乳的辛苦、换尿布的麻烦、喂水喂饭的烦琐、睡眠缺失的眩晕？

呵呵，笑话。

她们根本不怕这些。

她们怕的，是那些无人理解、独自奋战、四顾茫然、孤立无援的绝望。

这一阶段，才最值得拍成一部大片——《爸爸去哪了》。

隐形爸爸是怎么来的？

毫无疑问，首先是他们自己的自私懒散，不学习不成长不担当。

另外，还被几个人推波助澜合力打造。

第一，是他自己的父母。

隐形爸爸的原生家庭里，通常都有一个大男子主义的父亲，和一个含辛茹苦勤劳能干的母亲。

上一辈父母，大多数传统观念极重：男人就该甩着手剔着牙吆五喝六，女人就该生火做饭叠被铺床。隐形爸爸的父亲，本身就是个老版的隐形爸爸。他不曾为儿子树立责任与担当的榜样，所以他的儿子，便只会长成一个新版的他。

而隐形爸爸的母亲，将泛滥的母爱和无处寄托的情感，自小倾注到了他的身上，衣来伸手饭来张口，家务从不舍得让他动一个手指头。

待到他走入婚姻，他会自然而然地要求妻子，成为母亲的替身。

而他那任劳任怨半生的母亲大人，也依然习惯将新手爸爸该负的责任统统揽到自己身上——

冲奶粉？你不会，让我来！

洗尿布？男人怎么干这些！

孩子哭？找他妈，你去睡！

在这样的环境下，指望男人负起当爹的责任，亲力亲为参与到养娃的过程中，只能是痴心妄想。不信你去看看，有几个隐形爸爸不是妈宝、不是巨婴？

其次，是女人自身。

这是我深深反思过的问题。

很多时候，我们没有意识到，是我们自己没有给他们创造一个学习的机会，没有耐心等他们慢慢成长，也没有态度和心情，给他们一些指导和引领。

因为我们疲惫至极，因为我们委屈遍地。于是，在看他一通笨手笨脚之后，不耐烦地发出一通训斥：

“行了行了，笨死了，一边儿去吧。”

“算了算了，不用你了，还不如我自己干。”

“这么点事都不会，还能指望你啥！”

甚至恶毒诅咒：“连个孩子都看不好，去撞死算了！”

几次之后，男人自己就破罐子破摔了。我不行，我不好，那我不干了，拉倒。

于是我们陷入新一轮的轮回：更加疲惫至极，更多委屈遍地。

没有人天生就会当爹当妈。女人更多时候，是用母性的本能去爱孩子，而男人的父爱，真的是后天培养出来的。他们笨，他们懒，他们怕麻烦，这是真的。但我们对他们的嘲讽、奚落、不耐烦，也是真的。

最后，就是疼女婿的丈母娘们。

我不知道大江南北各区域怎么样，山东这地方，丈母娘疼女婿是出了名的。

你要喊老公起来冲个奶，亲妈就会抢先说：

“算了，他也得上班。”

“算了，他还得开车。”

“算了，他难得休假睡个懒觉。”

其实说到底，丈母娘都因疼女儿，所以更加对女婿好，希望女婿把这份好，再反馈到女儿身上。

现在越来越多的家庭，是丈母娘抢着带孩子。若说好处，就是有效减少了婆媳矛盾的发生，而缺点，就是让更多的新手爸妈们偷了懒。

之前我写过很多当妈不易的文章，有人特意加了我的微信留言：“你们女人当个妈就说得那么累那么惨，你写这些只会破坏别人家庭幸福，让女人回家跟老公吵架！”

骂完后，就把我拉黑了。

呵呵，这才是最典型的直男癌——只许他做，不许人说。

无论我写不写，这些都是现实：生孩子、养孩子，女人的付出与牺牲远远比男人多得多。

为什么越来越多的女人不愿意生孩子？她们越来越独立、能干、重视自我价值。

她们未必是不爱孩子，未必是不想当妈，只是因为，她们无法忍受男人在这一程中，依然像清朝大老爷一样，千古不变地袖手旁观。

学着当爸爸，共同承担生育责任，是一个男人摆脱原生家庭、破茧重生、真正成熟的开始。

若他们肯在这段辛苦艰难的历程里，放下手里的游戏，关掉电视里的球赛，设身处地体谅他的妻子，全力以赴地给予支持，力所能及地分摊家务，他的女人，将会成为一个强大而温柔的母亲，他的孩子，也将拥有这世间最正确的教育。

Chapter 4

我爱你，但我更爱我自己

成熟的女人，要的不是逞一时口舌之快，而是用智慧和行动，刚柔并用、宽严相济，去赢得对方发自内心的尊敬和认同，而不是肤浅的欺哄。

女人嫁一次人，其实是结三次婚

总有人问我，婚姻怎么样才能幸福？第一步，就是全盘接纳。
你爱他，他爱你，只是你俩的事。但结婚绝不只是你俩的事。

那晚闲来一算，吓了一跳。结婚九年多，加上恋爱八年，我和这个枕边人在一起的年头，已经占据了我目前人生近一半的时间。

这是我们摸爬滚打相互改造的十七年。

十七年间，我大概有过一万多次想揍他的冲动，一千多次想掐死他的念头，一百多次想离婚的打算，其中三次是正式提出，还有一次是直接下载好了离婚协议。

毫不夸张，这就是最真实的婚姻状态。

即便如此，我们还是被很多人羡慕。

可别人不知道，他有多少次险些被我气吐血，我有多少次忍他差点成内伤。

婚姻这东西，就像徐妃的半面妆，一半光鲜，一半丑陋，一半火焰，一半海水，一半妩媚，一半负累。

某天在网上看到一段话：所谓婚姻，表面上看是嫁一次人，实际上，女人是结三次婚。

我心领神会。但凡在婚姻里打过滚的人，无一不赞同。

第一次，与你爱的人结婚。

恋爱期间，有一次我在衣橱前收拾了半天，老公站在一旁被这画面感动，感慨万千地说：我一定要早点把你娶回去。

我也感动到不行，把头靠在他肩上，说我们一定要尽快有自己的家，我就在温馨的灯下为你叠衣服。

我那时脑子大概是被门挤了。

但哪个恋爱中的姑娘，没拥有过人生中最矜贵最甜蜜的一段时光，被男人悉心呵护百般体贴，视若珍宝捧在心尖掌上。女人无一不曾将这画面憧憬为永恒。

与心爱之人执手成说，共筑围城，情深至此，夫复何求。

第二次，与他的习惯结婚。

别意外，婚后不出半年，生活会自动为你撕掉PS过的美颜。

他的脏衣服臭袜子只会扔进洗衣机，别的就什么都不管了。有一次我强忍怒火问他：“咱家洗衣机什么牌的，功能好强大。”

他不解：“就是海尔很普通的一款啊！”

我恨不得揪着他耳朵拖到衣柜面前看看——你只管按个按钮，洗衣机就能自动洗净、晾干、熨平、叠好、挂起、分类、摆放，简直堪比最高科技的流水线，这边进去一头猪，那边出来火腿肠啊！这世上，还有比“老婆”更人性更智能的品牌吗？

闺蜜婚后吐槽：“他在哪用过的东西，只会放在哪里。茶几前剪过指甲，剪指刀绝不会放回抽屉。在餐桌边换了拖鞋，多少天都会一直放这里。你说他没长脑子吗？”

呵呵，这才哪到哪。

你偏爱面食，他只吃米饭。你辛辣不沾，他无辣不欢。

你要家里纤尘不染，他乱成猪窝也住得心安。

结婚前，我们不是瞎了眼，而是情人眼里出优点。结婚后，我们变成了拿着放大镜找缺陷。

但是，你要为这些糟心破事离婚吗？他的习惯陪伴他的年头，比你的出现早多了。

这才是围城内外最大的区别——与一个人的优点恋爱，却要与他的缺点结婚。嫁了他，就得一并收了。

第三次，与他的家庭背景结婚。

A嫌弃婆婆不肯讲普通话，带得孩子张嘴就是大碴子味。

B不满小姑子悄悄生了二胎，只为争老家的拆迁房产。

C介怀公公在婆婆过世仅半年后立即另娶，逢年过节也不愿回家团聚。

D抱怨老公是各路亲戚的散客旅游客服中心，致使她把本市景点背得比专业导游还熟练。

没办法。无论他有多奇葩的妈，多极品的爸，或是不成器的拖油瓶弟妹，嘴碎世侩爱占便宜的哥嫂，多管闲事、无事生非的二大爷，你都得全盘接纳。那是他的骨血至亲，是改变不了的事实，他们比你提前二十多年就和你男人生活在一起了。你哪能像蜘蛛侠一样从天而降，只把他的人掳走就完事了？

若你不肯与他的习惯结婚，就会一意孤行按自己的意愿改变对方，总希望让对方长成自己想要的模样。你嫌他不知节俭，臭袜子只会乱扔，上个厕所比生孩子还慢。

“我都说你多少次了？”“就不能改改啊？”“能长点记性吗？”

其实，这都是没用的废话。

他能改的早就改了，不能改的这辈子也改不了。磨圆了的夫妻，早已懒得跟对方某个习惯死磕。

若你不肯跟他的家庭结婚，问题和烦恼就更多。

几年前为了照顾孩子，公婆刚搬来同住的时候，我很不适应，有一个阶段，我每天晚上都要关上门跟老公吐槽抱怨，结束语无一例外都是：你就不能让他们改改啊？

其实是我犯了一个错误，这种做法的后果就是，男人越来越逃避，越来越沉默。那是他的亲生父母，面对他们的缺点，他也有诸多无奈。哪个男人愿意忙一天回到家，再听一个女人天天出难题，去打造一对全新的亲生父母出来？那是他的宿命，他没得选。

中国式婚姻到现在，并没有实现新生家庭的彻底独立，很大程度上仍是两个原生家庭的联姻。你嫁给了他，就得接纳他的原生家庭。

爱情这东西就像写随笔，或许爱着爱着就淡了，走着走着就散了。而婚姻，才像写一个故事，不但有头有尾，还得首尾呼应——麻烦要解决，孩子要教育，老人要赡养，所有的问题都得有一个答案，这才是生活。

总有人问我，婚姻怎么样才能幸福？第一步，就是全盘接纳。

你爱他，他爱你，只是你俩的事。但结婚绝不只是你俩的事。

执子之手有什么难，难的是与子偕老。婚姻越往后走，越需要智慧。

所有走到成熟阶段的夫妻，都是既完成了仪式上的第一次结婚，又完成了磨合后的两次结婚，才实现了真正的接纳。

接纳不是逆来顺受没底线。越过了底线的错误，必须让它终止，调转船头，及时止损。

接纳是对要走下去的路负责，从此结束无意义的不甘和无休止的抱怨，给出理解和包容，在现实之上，寻求改进，积累点滴进步，然后才有可能去着手，建一座自己的新帝国。

曾有人质问我：为什么你的文章总是要女人去改变，凭什么都是女人的责任，男人都干吗去了？

原因很简单。

正是因为婚姻里的一地鸡毛大多都要女人来承担，所以我们更应该掌握主动权。

因为我们想让自己活得更幸福，所以我们就更有勇气先迈一步，去主导婚姻改进，去引领男人觉醒。

一起好好吃饭，就是高质量的陪伴

两个在爱里的人，对着一块豆腐乳一样感觉秀色可餐。
没有爱的伴侣，八珍满桌，依旧两相无言，食难下咽。

多年来，我一直以一个“高效人士”自居。

因为我性格爽利、做事干脆、条理清晰，遇事从不优柔寡断，工作从不拖泥带水。我喜欢把时间最高效地利用，不想浪费一分一秒。

别人评价我：“除了跑步不快，别的都快。”

我始终将这视为褒奖。一寸光阴一寸金啊，在我眼里，像我老公这种上个厕所比生孩子还慢、能蹲着玩半小时手机的，简直是犯罪。

今年我明显更忙了。

工作上压力大，高管团队隔三岔五就要开会。

手头正在做的方案还差一半，全员都等着下个月落地执行。

每周要写三篇原创，小编盯我比盯囚犯还紧。

每晚下班后更新公号，回复留言，忙忙叨叨，回家就七点多了。

我对家人最常说的一句话就是："别等我，你们先吃。"

有几次，老公问我："你忙完工作，别的活回家再干不行吗？早点回来一起吃饭。"

我很不以为然："你们吃你们的，给我留一口就是了。"

他说："我们还是想尽量等你。"

我很不耐烦："有什么好等的，就这么点事，叨叨啥？"

我吃饭本来就快，回家后，婆婆前脚刚端出留的饭，我风卷残云十分钟就解决完了。然后抹抹嘴去陪儿子，这就是我自认为的高效率。

直到前几天，老公很认真地跟我谈："我觉得你很不重视全家一起吃饭的时间。你要么回来晚，自己狼吞虎咽地吃一口，偶尔回来早一点，也是坐下几分钟就吃完，我们还没顾上和你说句话，你就去忙别的了。我们全家，都没有在饭桌上交流的机会。"

我想了想，的确是这样。

那晚孩子睡后，我俩泡了壶茶，认真地聊起这个问题。

老公说，在他从小到大的记忆里，吃饭都是件很享受的事。他们内蒙老家的冬天特别冷，室外零下三十多度，但屋里很暖。他妈妈喜欢做炖菜，热腾腾地端上来，热气香气一起氤氲着，三口围坐在餐桌前，聊聊一天有趣的事，那是悠闲绵长的快乐时光。

一起吃饭，对他们来说，是件非常值得期盼的事。

我听得羡慕。而我自己，却有太多餐桌前不快乐的记忆。

小时候，我妈总喜欢在吃饭时批评我。不只是因为她没学过古人的“七不责”，更是因为，她只有在吃饭时才能见到我。

服装厂女工的生活，常年跟没日没夜地加班划着等号。她只能抓紧这个机会，尽一个母亲的职责。

而她对我表达关心的方式，就是找出我的缺点，对我批评、指责、训斥。很多年以后我才懂得，她对我的斥责里，有对我成绩的不满、有对我不成器的失望，背后隐藏更多的，是她一生要强背后的挫败，以及对疲累生活的无力感。

可当时我只是个孩子。结局只能是——我被训哭，饭吃到一半被迫结束。奶奶叹着气走开。我爸跟我妈吵起来：

“孩子还没吃两口，你训她干吗？本来身体就不好。”

“这学期考不好你管啊？成天就知道惯着她！”

……

终于明白，我缺失的，是在餐桌前，对亲密关系的体验。

我把这事讲给女友听。她说，她也是这样。

她自小目睹父母的所有争吵，都是发生在餐桌上。

父亲常年苦闷，每天一开饭，就要找酒喝。母亲紧接着开骂：你离了那两口猫尿就活不了！

父亲几杯酒下肚，酒劲上来，开始与母亲对骂。骂着骂着就动手，摔筷子，掀桌子，碗碟碎一地，只剩她和弟弟在惊恐慌乱中小心打扫。

每次吃饭，都是煎熬。

她说，一对夫妻过得怎么样，看看吃饭的时候就知道了。

有的伴侣，连一起坐下来吃顿饭的陪伴都不肯给。一句忙，封锁了对方原本想交流的千言万语。

有的夫妻，连让对方好好吃口饭的间隙都不肯留。赤口白舌，冷言冷语，专说寒心话，专挑无名火，最后，饭桌变成战场，感情杯盘狼藉。

我与公婆一起同住的这几年，发现他们在这方面真的很难得。

哪怕在十分钟之前吵过架、拌过嘴、生过闷气，到了开饭时间，一定和和气气地坐下来，绝口不提烦心事。

他们也经常为琐事起争执，但在饭桌前，公公仍不忘往婆婆碗里夹两口菜，婆婆依旧给公公碗里添一勺饭。

我老公继承了他们这一点。

从前我总是一不痛快就找碴："吃什么吃，看着你就气饱了。"

他若无其事，笑眯眯地帮我撬开一只肥美的牡蛎。

有人说：婚姻好不好，看厨房就知道。

也有人反驳：我从不进厨房不做饭，婚姻照样也美满。

其实，两个在爱里的人，对着一块豆腐乳一样感觉秀色可餐。

没有爱的伴侣，八珍满桌，依旧两相无言，食难下咽。

婚姻好不好，有时不必进厨房，看两人一起吃饭的那一刻就知道。

你有一千个借口说工作紧张忙碌，习惯了自己吃盒饭套餐。

他有一万个理由说球赛多重要，独自端起饭碗，径直走到电视机前。

饭桌前的陪伴、笑意、欢颜，是多少现实婚姻里的奢侈。

有这么一句话：幸福，就是睡自己家的床，吃父母做的饭，听爱人说情话，跟孩子做游戏。

一起好好吃饭，本质上，就是一种高质量的陪伴。

看过一个段子：

情感专家问老农：爱情和婚姻的区别是什么？

老农说：你今天和她睡了，明天还想和她睡，这就是爱情；

你今天和她睡了，明天还得和她睡，这就是婚姻。

今天吃过，明天还想吃，这是美食。

今天吃过，明天还得吃，这是饭！

婚姻就是一蔬一饭。睡了还得睡，吃了还得吃。

我们这些凡俗男女，都在这平淡流年里，靠着一日三餐里的相伴，一床一铺上的亲昵，维系着这份后天的亲情。

我不出轨，不是因为没机会

婚姻中的人，无论男女，
不出轨，不是因为没资本，更不是因为没机会。
而是因为，我对道德有要求，
对人生有约束，对欲望有管理，对婚姻有自律。

某个深夜，一女友发微信给我，话题毫无新意——她疑心已久，终于确认老公出轨了，是跟公司年轻秘书搞在了一起。确凿证据面前，男人竟然毫无愧悔毫不掩饰，还放出狠话："干事业的男人，哪个在外面没点事？有本事你也出。"

女友气昏了头，竟然真的去下载了某著名约炮软件，恨恨地对我说："妈的，他以为我出不了吗？我就真出一个给他看看！"

我说："你打住。"

这是女人最愚蠢的报复。

他渣、他滥、他无耻、他没下限，凭什么你就要去赶超？

千万别上他激将法的当。

他已然把出轨视为“成功”标配，有本事、有能耐、有钱才能出轨。而自己家中这个难下堂的糟糠之妻，脱光了也不会有人搞。所以他敢猖狂，敢肆无忌惮，敢叫嚣“有本事你也出”。

这厚颜无耻简直刷新了渣男新境界。

相识多年的一个师姐，能力出众，性格要强，在机关单位身居高位说一不二。姐夫在一个小事业单位，能力平平，多年未晋升。加之所属职位无甚实权，只是按部就班地拿固定工资。那几年师姐事业一帆风顺，家里家外都是姐夫一个人忙活，接送孩子上学放学，辅导作业。师姐平步青云，天天忙得顾不上家。有人提醒她：四十左右是男人出轨高发期，要防微杜渐。

她一脸的不以为然：“就他？没钱没权没本事，跟谁出？”

直到一个周末，姐夫很严肃很正式地告知她，他把家中的小保姆辞退了。因为那姑娘趁师姐不在家，几次三番暗送秋波。

师姐从那时起，彻底转变了对姐夫轻慢的态度。

他不是不能，他是不愿。不愿伤害一个人，不愿破坏一个家。

万丈红尘七情六欲，想出轨的人，只有“欲望”这一个原因，肯克制的人，只有“责任”这一个缘由。

2007年，我在两地分居的状态下结了婚。一结完，马上收获了许多好心的提醒：

“男人得看住了，否则他自己会玩野的！”

“青岛小妞又漂亮又精明，你不守在身边太危险了！”

“别以为结了婚就安全，男人都得靠管！”

……

我嬉皮笑脸地回他们：“我觉得我也又漂亮又精明，他应该比较担心我吧？”

并非我过分自信，我只是觉得，如果我对这个已然成为我丈夫的男人，对我们八年相恋的感情，对我们相隔三百公里的距离如此不放心，还得如此提心吊胆，靠看住、靠严防、靠死守，才能防住他偷腥出轨，那这个婚我结个鬼。

动辄就管不住下身，还号称“犯了天下男人都会犯的错”，这种人，古代称为浪子，现代叫作渣男。

出轨从来不是什么能力的象征和成功的标志。

婚姻是场马拉松，看谁更耐跑。

这就是为什么，我们一再强调女人要独立、要强大、要不停成长。这从来都不是为了拴住男人，让他永不出轨。那些号召让女人保住青春，用伎俩让男人欲罢不能的鸡汤，都是扯淡。

一个人坚持健身，不是为了去拿奥运金牌，而是要在病毒来袭流感爆发的时候，比别人有更多扛得住的资本。

我们让自己变美丽、变自信、变富有，所有这一切，都是为了自我强健，自我增值。花好月圆的时候我能与你细水长流，围城塌陷的时候我能选择让你痛快地滚，或是我潇洒地走。

我不是女权主义。婚姻面前，男女平等。所以我并不提倡“你敢出轨，我就敢劈腿”的论调。

我不劈腿，不是因为我不敢，而是因为我不屑。

我知道这一步一旦迈出，就是对我原则的颠覆。

我知道这个底线一旦突破，就再也难得圆满。

你得了不该得的，就得付出不该付的。你见岁月他放过谁呢？

不出轨，是一个有道德底线的人对自我的要求和约束，这不是什么值得称颂的事，但，这也绝不是可以被出了轨的渣男渣女拿来鄙夷和嘲讽的事。

前段时间在外地，晚上跟两个闺蜜同住酒店，三个女人一台戏，荤段子满天飞，各种重口味，各种没遮拦。

过足了嘴瘾之后，其中一姐妹感叹：“唉，光听咱仨的谈话，别人还以为咱阅人无数，上过多少床，玩过多少花样。可事实上呢？咱们统统都是语言上的老司机，行动上的小矮子！”

我笑到岔气。这形容，简直不能更精准了。

但谁都知道，我们但凡想出事，机会遍地。这跟怂不怂没有关系。

婚姻中的人，无论男女，不出轨，不是因为没资本，更不是因为没机会。

而是因为，我对道德有要求，对人生有约束，对欲望有管理，对婚姻有自律。

这是我作为一个人，对自己的忠诚。

即使有一天，你我夫妻缘尽至此，恩断情绝，我依然让自己清白、磊落、坦坦荡荡地离开，去遇见下一份爱。

我还是愿意理解并尊重那些选择原谅的女人。婚姻本就是件求仁得仁的事。

但若让我选，我也选“回家就好”——我说的是，带上你的铺盖卷，回你妈家就好。

眼泪有用的话，还要脑子干吗

种一棵树最好的时间，一是十年前，二是现在。
止这场损最好的时间，一是未嫁前，二是现在。

倾诉听多了，我发现，痴男怨女的感情问题不外乎四大类——你爱他他不爱你、他爱你你不爱他、你们彼此相爱却不能在一起、你们互相不爱却只能在一起。

在已婚女人群体中，我被问过最多的问题就是："我该不该离婚？"

问这种问题的女人，内心都是犹豫不定，狠不下心，迫切希望借别人之口来帮自己做这个艰难的决定。我其实挺理解她们。

我从不轻易劝人离婚，是因为感情内幕太复杂太纷纭，绝不是一句"性格不合、缘分已尽"就能一语带过，任凭谁都不能一锤定音。

但总结起来，有些情况确实无力回天，我支持离婚。

一、极品妈宝男

前几天一个读者问我，老公结婚一年多还让婆婆帮忙洗澡，这日子还能不能过。

我又惊掉了眼珠子。如果要列“不能嫁的男人清单”，妈宝男首当其冲。

这类人没有独立的人格，也没有自立的能力，人生自始至终唯一的信仰就是“我妈说”。他和他强势的母亲相互成就相互依存，演化为一种畸形的依恋。亲妈将他据为己有，打死都舍不得放手，轻则给他洗内裤上痔疮膏，重则帮他洗澡哄他睡觉。他自己也乐得享受这种感情，是一个精神上从未断奶的巨婴。他娶你，不是为娶老婆，而是为娶个小妈，并且要小妈同他一起侍候孝敬他的亲妈，你必须温顺恭敬，言听计从，每天看他们娘俩在你面前花式秀恩爱。你稍有不顺他便当即翻脸，开场白永远都是：“我妈养我这么大不容易……”呵呵，好像你不是你妈养大的，而是大风刮来的。

二、习惯性出轨渣

我并不认为一旦出轨就必须要离婚，很多人在调整、修复和原谅之后，依然有走下去的可能。但习惯性出轨绝对是渣男的典型特征。

他们是偷腥的猫，闻着味就本能地去找，离了这个活不了。他撩骚，约炮，毫无羞耻和愧疚，他不想控制情欲，也不想管住下体，还要反咬一口倒打一耙：“你不够温柔我才出去胡搞，你没带给我温暖我才被他人感动，你缺少风情我才受了别的诱惑……”谎话连篇强词夺理满嘴跑火车，就是不认为自己错。别以为原谅他一次就会终生免疫，你一次让步，就得次次让步，你一次忍辱，就要终生忍辱。别以为他只在你这里才这么渣，这种人，精虫上脑是惯犯，就算娶了别人，他轨照出，炮照打，绝不耽误。

三、重度疑心病

手机安装监听设备、银行卡工资单必须交公，QQ微信密码无条件公开，不许烫发化妆涂指甲，看谁都想对你心怀不轨，看你怎么都像要红杏出墙……

他不是要你做他的妻子，他是要你做他的奴隶。他将这种变态的控制，自欺欺人地夸张成爱、在乎和珍惜——我太爱你才会这样， 我怕别人伤害你，世上除了我再也不会有人真心对你。他打死不会承认自己自卑、懦弱、嫉妒、心胸狭隘。自己不好过，也绝不会让身边人好过。你解释，他说你心虚。你不理，他说你默认。你让他看精神科医生，他说你才脑子有病。

四、晚期直男癌

“就算我不是处男，娶老婆必须是处女”，“男人胡搞很正常，女人出轨就是水性杨花”……

这种男人毕生以占领处女膜、搞大女人肚子、拴住女人为己任，以要求女人生出儿子、扼杀自我、三从四德为目标。追你时装孙子，追到手就当大爷。他的人生观里从无尊重，拿你当免费的保姆、自带薪水的钟点工、光明正大的泄欲工具，以及名正言顺的生育机器。他利用你、消耗你，还觉得是你对不起他。这种人自私到骨子里，关键时刻永远第一个牺牲女人利益。这种人也最代表loser，无力在雄性世界竞逐，只敢榨取女人的价值。另外，他们大概历史都没学好，不知道大清已经亡了一百多年了。

没错，这样的人就不该嫁。但当初自己瞎了眼已经嫁了怎么办？

要么，改造男人。这是一条难于上青天的蜀道。你若无过硬的金刚钻，揽不起这瓷器活。极大概率是，出师未捷身先死，革命尚未成功，你先变身怨妇。

要么，及时止损。

这早已不再是拿女人当生育机器的奴隶社会，早已不再是在家从父出嫁从夫的封建王朝，也早已不是劝合不劝分、宁拆十座庙不毁一桩婚的年代。

对做事，我一直信奉先尽人事，再听天命。我们最大限度地努力了，竭尽全力地付出了，最后结果成功与否，都没有遗憾，坦然接受。

但对婚姻，我不认为尽人事之后就只能听天命。该沟通的要沟通，该改正的要改正，该包容的要包容，如果这一切都做尽，仍无法继续这一程，那就不必听天命了。

该出手时就出手，该离婚时就离婚。

这时候，一定会有人出来劝阻：为了孩子，忍忍吧，好歹给孩子一个完整的家。

这一招是最好用的枷锁，首先让女人败下阵来。

但事实呢？

貌合神离的夫妻，口口声声牺牲自己为了给孩子一个完整的家，而现实里，生活在离心离德、冷言冷语的家庭中的孩子，始终缺乏安全感和接纳感，比离异家庭的孩子更孤独。两害相权取其轻，健康的单亲家庭，比病态的双亲家庭，对孩子更有利。冷若冰霜、恶语相向、拳脚相加、张口闭口让对方去死的父母，毁起一个孩子来，比网吧、赌场、夜店的杀伤力大多了。

成年人，首先要对自己负责任。

错了就错了。试错之后，就要改错。

种一棵树最好的时间，一是十年前，二是现在。

止这场损最好的时间，一是未嫁前，二是现在。

婚姻要磨合。但三观不合的人，磨一辈子也无法合。

当然，你若没有勇气改错、止损，无法担负起自己的人生，那我以上的话就是空谈，一个字儿也不适合你。

你可以认为男人出轨是他魅力太大，狐狸精太骚，都是一时冲动情有可原，那你就一直忍。

你可以只图他长得帅颜值高，器大又活好，那就甘当他的小羊，让他的鞭子抽打在你身上。

你可以坚信女人的天职就是生儿子，那你就一直给他生，直到生出儿子为止，永世是他的生育奴隶。

你可以觉得他把你拴裤腰上正是爱你的表现，深情似海爱比金坚，那你就去适应去习惯。

求仁得仁，就别怨。

但若你心里有挣扎，有痛苦，视那种生活为炼狱，那离婚，就是正确的路。

别怕引刀成一快，要的是长痛变短痛。

谁也不敢保你离婚就一定能过得好，但你也要知道，一个怎么都过不好的人，多半是自己身上有致命的缺陷。

你当然可以不离——

要么看谁更强，你比他活得更精彩。

要么比谁更渣，你比他作得更厉害。

哪一种能让你更甘心，你就选哪条路。

要么忍，要么狠。

该留留，该滚滚。

别说我怎么这么损。怨妇哭诉听够了，我只想问一句：女人啊，眼泪有用的话，要脑子干吗？

直男也可以抢救一下

每个女人心里，都有一颗渴望幸福的种子。
那是与生俱来的柔软天性，是对爱和温暖的渴求。

今年公司事情特别多，工作一项接一项干不完，每天一睁眼就头大。早上洗漱的时候对老公诉苦：“这周我简直要忙成狗！”

他竟然很认真地跟我说：“不要动不动就忙成狗，累成狗，狗才不忙呢，人家成天都闲溜达、晒太阳，你知道狗多鄙视你吗？这世上没有任何一种动物能忙得跟人似的！”

虽然这话在理，但我还是很不满意。谁要听你这套瞎逼逼啊？标准答案难道不应该是“老婆你辛苦了，今晚我帮你打热水好好泡泡脚”吗？

说实话，直男的脑回路清奇到什么程度，是女人无法想象的。

就如同，女人的心思细密到什么程度，也是直男始终懵逼的。

结婚十年，我数不清有多少次被这个蠢直男气出内伤。

孩子小的那几年，日子过得又辛苦又煎熬，吵架是家常便饭。有一次，冷战半个月后刚刚和好，晚上两人躺床上闲聊，我心有不甘，想让他哄，就问了个很作的问题："如果咱俩离了，你会再婚吗？"

女人用脚指头想想都知道，我是想听坚决否认的答案啊！

可这个二货竟然说："不知道啊，也可能会吧，我还挺喜欢小孩的，再生一个也挺好……"

然后，他就被踹到床底下了。然后，新一轮冷战紧接着开始了。你们懂的。

直男就是有这个奇葩本事，能让你跟他聊天五分钟，冷战半辈子。

全世界的女人都想问同一个问题：那些活活把人气死的直男，还有抢救一下的必要吗？

以我的亲身实践来看，我觉得，还是有的。

对付直男，就得先修炼自己。

我总结了三大神器：三寸不烂之舌、先发制人之魄力、百川归海之胸襟。

首先你得会说。

笨嘴拙舌的女人，只能被直男气成内出血。而伶牙俐齿的女人，这种时候就明显有优势——轻松把他怼回去。

其次，你得先声夺人。

我跟着老公参加过一次他们“饭醉团队”的聚餐，直男成员们都带了家眷。仅此一次之后，他们就再不提家庭聚餐这事了。

我忍不住问他，他直言不讳：“对啊，认识认识就行了，本来也没打算让你们总去啊，否则我们怎么混。”

我立即说：“你说得对，老婆嘛，露个面知道谁是谁的就行了，认清正宫，街上见了知道该叫谁嫂子，以后带去的都是妖艳贱货，这样不会记错也不会搞混，这么智慧的主意，一定是你想出来的吧，厉害啊……”

他气得无语凝噎：“你那脑子一天天的都在想什么……”

最后，你得有心胸和肚量。

我曾经说过，跟直男认真你就输了。要是跟他们置气，你分分钟能脑出血。

包容他们的傻，接纳他们低成负数的情商，给出必要的引导和指导，这才是当直男老婆的必修课啊！

平心而论，我们得承认，女人提的大多数问题，根本都是无解的。

比如最简单的，你问他：我和你妈同时掉水里你救谁？

如果他答：先救我妈！

你马上翻脸：妈宝男！直男癌！你跟你妈过去吧！滚！

若是他答：先救你！

你还是不满：你现在当然这么说，真到那种时候却未必呢，哼哼……

所以，他们大脑的容量，压根就不具备回答这种问题的空隙啊。

在我不懈的抢救下，我家直男还是有很大进步的。

以往，以他这双商，在《甄嬛传》和《金枝欲孽》这类宫斗戏里，根本活不过前两集。

现在目测可以勉强苟且到剧终了。

因为他终于搞懂了——

我问他："你觉得我最近胖了吗？"其实是想听他说："无论你多胖多瘦我都爱！"

我问他："你觉得这件衣服好看吗？"其实是想听他说："只要你喜欢就买买买。"

我问他："咱俩若是离婚了你还会再结吗？"其实是想听他

说：“我从来就没想过跟你分开！”

更大的进步在于，他学会自救了。

某次开车途中聊天，我提到米兰达·可儿，他一时忘形：“人家真不愧是超模，孩子都那么大了，身材还保持得那么好……”

我一声没吭，只微笑着朝他点头。

他马上一拍大腿搂过我：“若不是自己身边有这个活生生的例子，我无论如何也不能相信啊！”

Good！成功地逃过一劫。

要知道，这类问题，在女人这里本来是送分题，但蠢直男们回答不好，就极有可能是送命题。

我曾被直男癌问过：“你们女人成天事事儿的，瞎矫情，逼着男人说些违心的话，活得累不累啊？有意义吗？”

呵呵呵，是时候科普下直男与直男癌的区别了——

直男就是喜欢女人的男人，直男癌就是喜欢女人的穷男人。

别以为这个穷，只是经济和物质。直男也有赚钱少的，但直男癌，统统都是穷在骨子里。

直男可以抢救，直男癌请放弃治疗。

回到正题，女人想要男人哄，到底有没有意义？

意义大了去了！

每个女人心里，都有一颗渴望幸福的种子。那是与生俱来的柔软天性，是对爱和温暖的渴求。

淘气的孩子、刁钻的婆婆、难相处的妯娌、干不完的家务，根本都不算什么。

钱我能自己赚，车我能自己开，马桶我能自己修。女人想要的，只是来自同床共枕的男人的一份甜蜜宠溺，这还过分吗？

虽然我老公到现在仍然时不时犯蠢，但我一要求道歉，他马上很真诚地问："道哪一次的？要不，我连下次的也一起道了吧，免得哪天我不知道什么原因又惹你生气。"

他为什么学聪明了，因为他尝到甜头了——

把老婆哄乐呵，全家都好过。

这句口号，直男们务必要背过。

所有婆媳关系，其实都暗藏心机

愿婚姻里的男人，都早日成长有所担当，
愿同一屋檐下的女人，都不再彼此苛责相互为难。

网上曾有个外国学者说：谁若能化解婆媳关系难题，就应该给他颁诺贝尔奖。

为什么女人都容易被婆媳问题困扰，因为婆与媳，是两个毫无血缘亲情的女人，因为同一个男人而产生的联结，既没有稳定性又缺少亲密度。婆媳关系在很大程度上直接影响夫妻关系。多少小夫妻的柔情蜜意，被婆媳问题横插一手，从此萧郎是路人。

女人的逻辑通常都是：你对我好，我就对你好。你对我不好，我就对你更糟。可在婆媳关系里，只有两好才能合一好。

冬天降温，给婆婆买了件羽绒服。她穿上连连说：“太奢侈了！你们趁年轻多打扮，我又不上班，哪还用买这么好的衣服。”

我尽了孝，她领了情，皆大欢喜。

另一日晚餐，我爱吃的猪皮冻所剩无几，婆婆挡掉老公的筷子：“你别吃了，给爱玲留着。”

许多人都羡慕我好福气，婆婆体贴勤快又疼我。

其实前几年，并不是这画面。

刚结婚那几年，我经常给婆婆买衣服，她从未有过回应，只会接过来，看一看，然后放下，转头扎进厨房继续忙活。为这事，我没少对老公抱怨，他总是无奈：“我妈就是那种性格，不爱说话，我有什么办法。”

你看，全天下的直男都共用一个脑子。他根本不懂，女人多介意那种热脸贴了冷屁股的感受。

后来我索性不买也不送了。你不言，我就不语。你不热络，我就比你更冷漠。

这种心态我保持了好几年。

后来为了照顾孩子我们和公婆同住。性格和习惯上的差异，年代和沟通上的鸿沟，都在所难免。但我和婆婆，却在同一屋檐下越处越好。因为我明白了一个道理：我们都不是坏人，只是敏感生分。

这世上没有天生的完美关系。父母子女、夫妻恋人、朋友知己，无一不需要去经营去维系。

我知道她天生不擅言谈，我就多主动开口。她辛苦张罗一桌晚餐，咸了淡了我都多几句夸赞。

她知道我爱打扮，总鼓励我趁年轻赶紧穿。她也懂我好面子，也学会了收到礼物给我热切回应。

就像那块猪皮冻，她怎会舍得不给儿子吃？当然是为了我才这么说。

其实，这都是婆媳相处的小心机。

相比之下，段位更高的，是我的小姐妹W。

W是外企销售总监，老公也是空中飞人，一年在家没几天。婆婆来帮忙照顾孩子，相处一久，芥蒂频现，嫌隙丛生。

婆婆是传统的农家妇女，一不满儿媳时常应酬抛头露面，二嫌她乱花钱不知节俭，三抱怨她家务承担太少，周末还要睡到日上三竿。W起初采用送礼战术，发现收益甚微，婆婆越发埋怨她不会过日子。更糟的是，婆婆表面不动声色，转身却在小区花园里对着邻居大妈们大发牢骚，各种诉苦埋怨。

W才意识到不对。婆婆已成功打造出弱势形象，群众舆论已有了明显倒向——W是个不懂事的悍儿媳。

W做客户工作多年，心理学和公关手段不是白练的。

她没有以牙还牙，而是反其道而行之——周末带上孩子去小区广场转转，逢人便夸婆婆，夸她做饭好吃，带娃认真，勤劳能干，无私奉献，检讨自己工作太忙，对婆婆关心不够。

此言一出，引得大妈们纷纷羡慕赞叹：这样能干又懂事的好儿媳，上哪找去？

不必别人说，W婆婆自己就先不好意思起来，媳妇在外这么夸自己，她哪还好意思继续散布谣言？岂不让人说自己心胸狭隘为老不尊？

我厚颜无耻地问W："你夸婆婆的时候违心吗？"

她呸我："亏你还做过HR，违不违心重要吗？我以前想的是物质上多给予，但后来发现她节俭惯了，根本不需要这些。她想要的，是我感她的恩，领她的情。既是这样，我就得表现出来让她看到啊。当婆婆的，要的不就是个面子嘛。"

我挺佩服W。换作那些沉不住气的小媳妇，听婆婆在外面公开抱怨自己，恐怕第一时间就回家撕逼，然后打电话给老公，逼着男人二选一。

想起结婚第一年，我曾随老公去看望远房亲戚。第一次见面的表嫂就神情诡异地问我："你和婆婆住一起吗？处得来吗？她做饭你吃得惯吗？"我看见她眼神里闪着对狗血剧情的兴奋、期待，还有一丝幸灾乐祸。

我笑着对她说："我们关系挺好的，我婆婆人特别好。"

她"哦"了一声，失望地走开。

即使那时候我和婆婆关系并不亲密，但我也不想拿我的家事贡献给他人做谈资。

有人一提心机就想到腹黑女。我并不认为心机一定是贬义。更重要的，是心机背后的动机。

有人用心机，只是为了挑拨离间、出口恶气，总想看别人笑话，这初衷就有问题，关系必定不会好到哪里去。

在我看来，愿意让一段关系朝着好的趋势发展而动用的心机，就值得称赞。

因为中国男人极其不擅长扮演协调角色，更多时候，他们觉得自己更像受害者，夹在两个女人之间受夹板气，委屈到不行。当男人幼稚、逃避、缺少担当，改善婆媳关系的重担，无一不是更多地落在女人身上。

婆媳关系无论如何经营都难以亲如母女，这是现实。但经营和不经营，却有天壤之别。

慈爱又大度的婆婆不会从天而降。

懂事又体贴的儿媳也不会凭空出现。

婆媳之间想要关系好，既要技巧心机，也要真情实意。所有关系都是在接纳中磨合，在磨合里完整。

有妹子问："家不应该是最真实最放松的地方吗？回家还要用心机，不累吗？"

这世上，谁不曾带着镣铐跳舞。我们肯花多少精力去开发一个客户，动用多少情商去谈成一单生意。你想长治久安，想让闹心糟心的问题少一点，想享受高质量的情感生活，就别为这点事叫苦连天。

通常来说，改善婆媳的秘诀不外乎就是——大度、嘴甜、少抱怨。

现实里，并不是所有关系都能用这点心机解决。

有一类婆婆，永远不能接受儿媳这角色的存在。

有一种儿媳，总是无法容忍婆婆这身份的本身。

在这种扭曲心态下，单方面任何努力都没什么用。

只能送你四个字：敬而远之。

敬，是尊敬。即使婆婆千般不对万般不好，保持对长辈基本的尊重，关乎自己的教养。

远，是距离。少交往，少联系，少见面。距离未必产生美，但一定会减少丑的出现。

至于那些处处刁难媳妇的恶婆婆，那些刻意欺压婆婆的恶媳妇，只要一方做出超出底线的态度和行为，另一方的温良恭俭让真的不管用。因为根源都是那个男人的逃避和默许。

先把他揪出来，接受婚姻再教育，该沟通的沟通，该疏导的疏导，该撒娇的撒娇，他吃哪套，你就用哪套。他儿子丈夫双重角色在身，哪能那么躲清闲。

愿婚姻里的男人，都早日成长有所担当，愿同一屋檐下的女人，都不再彼此苛责相互为难。

对男人，你要吵“赢得”，而不是吵“赢了”

成熟的女人，要的不是逞一时口舌之快，而是用智慧和行动，刚柔并用、宽严相济，去赢得对方发自内心的尊敬和认同，而不是肤浅的欺哄。

前几年，全家追剧看《乡村爱情》。我对老公说：“这里面的角色都很真实，唯独王小蒙谢永强这两口子，太相敬如宾了。我还是喜欢谢兰和皮长山这样的，不高兴了张口就让对方‘滚犊子’。”

他静静回了一句：“是你风格。”

从恋爱到结婚，我们俩若干年大大小小无数次争吵中，他一直稳坐亚军宝座，因为我才是常胜将军。

我脑子转得比他灵，嘴皮子说得比他快，理论掰扯得比他清。每次吵架，未等他反应过来，已被我连珠炮轰得哑口无言。我一直为自己这项本领得意扬扬。

他多次被我气得无奈苦笑："你怎么能叫李爱玲呢？你应该叫李不讲啊。你们姓李的一点都不讲理。"

后来，愈演愈烈。

我这种赢惯了的人，再也无法忍受输。无论占不占理，我都要靠气势和分贝取胜。

我本就天生高嗓门，一争执音调更是不自觉地就高了八度，横眉冷对，怒目圆瞪，凶神恶煞，河东狮吼。

有人说吵架是检验婚姻好坏的标准。在婚姻里打过几年滚，你就知道，什么叫小吵怡情，大吵伤身，狂吵灰飞烟灭。

争吵越来越频繁，怒火越来越暴烈，冷战越来越持久，感情越来越淡漠。

终于在某个狂躁时刻，我无比悲哀地感觉到，我们不像同床共枕的亲人，更像不共戴天的仇人。

单身汪们总是不明白，原本好好的两个人，哪有那么多可吵的？

当身陷婚姻里的一地鸡毛，你会发现，可吵的事太多了。

儿子两岁多的时候，经常莫名腹痛，跑遍医院查不到原因。中医诊断是典型的脾胃虚寒。我心疼又着急，在家中立下规矩，不许给孩子吃任何生冷食物，并坚持推拿艾灸，于是儿子的腹痛很久没有再犯。

但这一切被男人的一个举动全毁了。

周末，老公从冰箱里拿了芒果，当即切了一半给儿子吃了。当天下午孩子就腹痛起来。我气得炸锅，恨不得将房顶掀了。如果杀人不犯法，真不敢保证我会不会拿菜刀剁了他。

我唾星四溅地骂了一小时，各种脏话狠话全放出来了，恨不得当场揪他去民政局，签字离婚然后光屁股滚蛋。

但一个转身之间，我看到他悠悠然毫发无伤的样子，衬得我倒像个愚蠢的小丑，大动肝火口干舌燥，赤手空拳瞎比画半天，对方根本不接招。

为什么不接招？因为敷衍。

为什么敷衍？因为没戳到他的痛点。

他自小受西医理论熏陶，压根就不相信脾虚的说法，所以，他根本不认为腹痛的起因是冰芒果的关系。

第一次觉得，我在吵架上的嗓门、招数、叫嚣、手段，都到了山穷水尽的地步。

怎么办？穷则思变。

这一次，我一改歇斯底里的常态，用尽洪荒之力克制情绪，强忍不满，最大限度用平和的语气，跟他沟通中医原理。

苦口婆心半天，他仍将信将疑，不断提出疑问：

“你看堂妹的孩子，从小吃冰棍喝凉水，怎么也没事呢？”

“邻居家的宝宝，瓜果梨桃什么都吃，不照样健健康康白白胖胖？”

我用尽毕生自学的中医知识和小儿推拿理论，给他讲解几大经络、阴阳五行，分析孩子体质与先天遗传和后天喂养的关系，以及我学到的小儿推拿病例。

最后，我将厚厚一摞中医养生、推拿和艾灸书籍连同我的学习笔记搬到他面前，正式对他说：“这就是我这几个月所做的事。周末你睡午觉，我去上推拿班。每晚八点你看电视玩游戏，我在给孩子推经络。十二点你早已睡着见周公，我继续给孩子做艾灸。我比你更有发言权，不是因为我是孩子的妈，而是我比你做了更多功课。”

他面露惭愧：“你太辛苦了。和你相比，我做的的确不够。”

“你做得不够，我没怪你。但你破坏我的劳动成果，让自己的任性和无脑损伤孩子健康，我绝不允许。如果你有更好的建议，可以提。如果没有，请按我的方法坚持。”这一次，我掷地有声当仁不让。

他点头同意，表示支持。

孩子的肠胃终于在我坚持了数月之后彻底好起来。期间有一次，公婆来照料孩子，公公仍不接受推拿，不肯送孩子去。我不想与公婆正面起冲突，一个电话拨给正在上海出差的老公，把球踢给他。他很痛快地接了，十分钟后告知我，公婆已经带孩子去推拿诊所了。

我们终于结束了在这个问题上永无止境的争吵，达成了史无前例的共识。

我知道在这场博弈中我胜利了。但这胜利不是以往单纯的“吵赢了”，而是赢得了他的认同、体谅和尊重。

这一次的经验，被我很多次复制，也收获了很多次“赢得”。这让我终于明白，我要的赢，是与他求同存异，为共同目标去努力，而不是验证他是否肯对我屈从。

一场最失败的争吵，标配的结局就是——

男方不堪闹腾败下阵来：“行行行，都算我的错，你说的都对，行了吧？”

女方揪住不放再补几刀：“你这是什么态度？什么叫算你的错？本来就是你的错！”

男方忍无可忍火冒三丈：“我都承认是我的错了，你还想怎么样？有完没完！“

女方将事态上升到新高度：“你吼什么？你再对我吼一次

试试？”

……

男女间的争吵，男人争的是理，女人吵的是情。

这是男女思维的根本性不同。男人要的是把这件事一清二楚讲明白，女人要的是你态度好不好，对我爱不爱。

这也是女人惯有的弱点和劣势，吵着吵着，就脱离了主题，变成情绪发泄，最后用生气、冷战、哭闹逼得男人妥协，得到一个情绪上的“赢了”，其实对解决问题于事无补，毫无益处。

我走过许多弯路，撞了无数南墙，最后才懂得，齐小家如治大国，道理都是相通的——动之以情，晓之以理，软硬兼施，恩威并重。

男人就像孩子，搞不定的就想逃避，争不过的就想绕行。女人一味去嘶吼和发飙，只能让他们麻木、冷漠、叛逆。好一点的，表面服个软道个歉，下次遇到同样问题，依然故我。差一点的，越发像管不了的孩子，专门跟你对着干，你越抓狂他越有快感。

吵架的成本很高。动一次肝火，女人就要爆几颗痘痘，长几根白发，多一些乳腺增生。日子如流水岁岁年年，我们真要这么毫无意义地吵下去吗?

其实婚姻里，赢不赢不重要，解决问题是王道。

要解决问题，光靠情绪，靠任性，靠情不情爱不爱的，根本没用。

成熟的女人，要的不是逞一时口舌之快，而是用智慧和行动，刚柔并用、宽严相济，去赢得对方发自内心的尊敬和认同，而不是肤浅的欺哄。

好汉不提当年勇，好女不争一时赢。

吵架也是婚姻里的修行。我们要的是“赢得”，而不仅仅是“赢了”。

终结妈宝男，是我们这届女人的使命

不因我们自己的遭遇和经历而影响孩子的人生轨迹。
让我们的孩子活在阳光里，让我们的孩子学会真正的平等和尊重。

跟女友约饭，正值午高峰，就餐的小店人满为患，卡座越挨越近，都快拼成了一桌。

旁边的三个女人聊的家长里短，听得一清二楚。

先是数落自家老公：

“一点家务都不干，懒死了，全是让他妈惯的。”

“我家那个也是，前天吵了一架，人家还回去跟他妈告我的状。快滚回去跟他妈过吧！”

“我那婆婆更极品，来我家从不跟我打招呼，做饭只做他儿子爱吃的，呵呵，真是够了。”

吃到一半，又听她们开始聊孩子：

“我就教育我儿子，将来一定多挣钱，媳妇随便挑随便选，想要啥样有啥样。”

“幸亏咱生的是男孩 ，里外吃不了亏，将来就算离婚照样是个宝。”

“你看我儿子这么大了，还是跟我最亲，他爹他爷爷奶奶都算个屁。”

我去！实在听不下去了。你们这是妥妥的双标、双标、双标啊！

不得不说，一边咒骂妈宝男，一边培养妈宝男，这是当下许许多多中国女人活得矛盾却又不自知的地方。

提起妈宝男，深受其害的女性拉起手来大概都能绕地球一圈。网上吐槽妈宝男的帖子一搜一大片：

对父母言听计从百依百顺的。

结了婚仍必须跟父母同住的。

赚的钱一定交给妈妈保管的。

自始至终信奉“流水的媳妇铁打的老娘”这类混账哲学的。

更有奇葩到跟亲妈同床睡觉的，让亲妈帮忙洗澡搓背的……逼着你连连刷新三观。

越来越多的女人勇于站出来现身说法，证实了妈宝男坚决不能嫁。

我们很高兴看到如此之多的现代女性达成共识，对这类低品质物种自觉发起抵制。

这是时代的进步，也是女性意识的觉醒。

我们再也不用为了那个“已婚”身份，成为哪个男人的附属品，沿着嫁汉嫁汉穿衣吃饭的老路走下去，去选择那个无法带来情感质量的男人，去忍受一段充满痛苦煎熬的婚姻。

我的人生我做主，这就是新时代女性的样子。

但我们这一代女人的进步，不止于咒怨妈宝、拒绝妈宝、反抗妈宝、改造妈宝和抛弃妈宝。而在于，无论我们是否被妈宝伤害过，都敢于在我们对下一代的教育中自检、警醒，认清前车之鉴，杜绝再次培养出妈宝男。

女人总是悔不当初，怨自己瞎了眼，这辈子嫁妈宝男。

深究其根本，其实都能在自己身上找到原因。

妈宝男最大的特点是讨好、顺从、易于掌控。选妈宝男的女人，也许当初是坚信只要人人都献出一点爱世界就变成美好人间的单纯，也许是明知山有虎偏向虎山行的无畏，更多的，是骨子里强势又缺爱的伪独立女人。

一入他家门深似海，嫁了之后才发现，这个对你千依百顺的男人背后，站着一个比你更强势、更爱操控的婆婆。

他们之间才是情人关系，你俨然是一个入侵者。

这个男人，在他妈和你之间，总是选择委屈你、牺牲你。你长期在这段感情看不到希望又得不到疼惜与支持，只好把寄托全部转向你的孩子。

你在不知不觉间，步了婆婆的后尘，走上她的老路：你的儿子是你生命的支柱，是全世界最值得信任和托付的男人。

当三十年之后，他将迎来生命中另一个女人时，你和当年的婆婆一样，视她为死敌。

这，才是最可怕的轮回。

我是在养儿子的过程中发现这个问题的。

儿子小的时候，我们全家一度都爱逗他：

“世界上你最爱谁？”

“妈妈！”

“以后有了媳妇呢？”

“还是妈妈！”

几次之后，我深深意识到这种错误。

这对大人来说是玩笑，但孩子是分不清的，对他来说，这就是启蒙和引导。

从他四岁起，我带他参加女性朋友的聚会，都要求他给女士准备一份小礼物。可以是一扎小花束，也可以是一张小贴纸，一块巧克力。

他有一个小女朋友，是他幼儿园的同学，两人感情非常要好。从去年起，每次带儿子外出旅行，老公都提醒他给好朋友选个礼物。

儿子小气，自己喜欢的东西经常舍不得分人。我们就告诉他，可以再给他买。如果他实在不愿意，我也同意让他改选别的东西。但这种意识，我们希望能给他从小就树立——不只是朋友间的分享，还有对女性的尊重。

至于他以后，会不会成为一个老婆奴，我不知道。

我唯一知道的是，一个有修养、有素质、懂得尊重女人、有谦谦君子之风的男人，才会觅得同等水平线、相近价值观的女人，他就有更大概率，去组建一个健康的家庭，他就有更多可能，去享受高质量的感情。

我不让自己培养妈宝男，我就不必忧心我的晚年他会不会娶回一个泼妇日日与我撕逼。

我们光说妈宝男，难道就没有妈宝女吗？当然有。

我认识这样一个姑娘，父母家中略有点钱，选个女婿就差比武招亲了——要求男方必须有车有房，且房子不能贷款。要保证女儿嫁过去之后不能做家务，必须请保姆，每周至少回娘家住两天。总之，他们女儿嫁给谁都是下嫁，谁娶了他家姑娘都是高攀。

那姑娘被养得，到现在都以不食人间烟火的小公主自居，看哪个男的都不是好东西。

每个直男癌，家里都有一对直男癌父母。

每个妈宝男（女），背后也必有一双妈宝家长。

说到底，一家子都是巨婴。

纵然妈宝男害人不浅，但我们也不能一边骂着妈宝男，一边制造妈宝男。不能一边咒怨婆婆，一边效仿婆婆。

真正的勇敢，是敢于修正。终结错的，迈向对的。

不因我们自己的遭遇和经历而影响孩子的人生轨迹。让我们的孩子活在阳光里，让我们的孩子学会真正的平等和尊重。

这才是我们这届女人，真正的成熟和进步。

女人三十，谁不曾是生活与婚姻的囚徒

当妈是条幸福路，它让我们的生命得到升华，
从此有了不可复制的多重体验。
当妈也是条不归路，它让我们抛弃对过去的沉湎和追忆，
只能永不回头地往前走。

在我的第二本书《你才是自己的过来人》的自序中我写过：“常常觉得，我真正的人生，是从三十岁才开始的。”

因为在这一年，我真正成为一个集女儿、妻子、母亲多重角色于一身的女人。让我成长的，是来自各方的压力。

而给我压力的，不是三十岁本身，而是这个年龄附加给我的诸多身份与责任。

在一项由某品牌发起的全球性“压力”调查中显示，中国人普遍认为三十岁是男性的黄金年龄，而对于三十岁的女性，中国人则普遍认为她们最美好的年华早已逝去了。

为什么如此多的人都这样认为？

因为二十七到三十岁，几乎是每个女人在成年后面临重大转折的几年。即使它是女人的黄金年龄，也绝不是一个轻松的阶段。

大多数都市女性，都会在三十岁左右迎来自己的第一个孩子。走得更快些的妈妈，已经一鼓作气地生完了二胎。

然后呢？

生只是一刻，养才是一生。

数不清有多少人问过我：女人的家庭与事业到底该如何平衡？

我的答案永远都无比肯定：只有选择，没有平衡。

那些庆幸有老人能帮忙带孩子的女人，最晚在产后五个月，成为和我一样的职场妈妈。

尚未完全恢复的身体穿梭于写字楼电梯间，背包悄然换成了和尚袋——要装冰袋吸奶器保温包。

又或者，选择早早给孩子断奶，以便为工作安排出差。

我在生完孩子三个月之后返回工作岗位。因为产前我已经休了两个月的保胎假。

为了支持我工作，我的父母只能从老家来到青岛帮我带孩子。每年年底我最忙的阶段，出差一走就是十天半个月，我只能让父母将孩子带回老家。

而在我终于忙完年终考核、晋升、年会、总结等所有工作，终于盼到放假想好好陪他的时候，得到的是孩子的摆手和哭闹：不要妈妈！

那种辛酸，无法言表。

我不是不懂，孩子最需要的是陪伴，我不是不知道，三岁之前最重要的是建立安全感。

但现实是，我还有物质需求，想给孩子提供更好的生活。

我还有责任担当，想和老公一起分担养家还贷的压力。

我还有独立梦想，想为微不足道的自我再付出一点坚持。

无数次想放弃，又无数次逼了逼自己。

你说生育不影响女人事业的发展，那是骗人的。

我曾看到女同事，向上司请假参加亲子活动时一脸的为难和抱歉。

也曾有女员工对我坦言：明知道客户满意度是最重要的KPI指标，但孩子已经在托管班寄放了两小时，老公长年出差，她只能准点下班往家赶。

还有新手妈妈同事在我面前泣不成声，为了保住工作和收入，孩子只能寄养给千里之外的公婆。无数个夜晚，当妈的心，被思念撕扯成碎片。

我知道，她们都尽力了。在好员工与好妈妈之间，无法两全。

日本超人妈妈吉田穗波带着两个孩子申请入读哈佛，凌晨三点起床读书，留学期间怀了三胎四胎。毕业后回国又在名古屋大学拿到博士学位，畅销书出版时，第五个孩子也出生了。

Facebook首席运营官谢丽尔·桑德伯格，严格把工作时间限定在早晨九点到下午五点半之间，其余时间属于家庭和孩子。

精英女性杨澜育有两个孩子，在家中像公司一样建立了由司机、保姆、双方父母等一众人组成的支持系统。

很遗憾，她们都是“别人家的妈妈”。

而我们，还在为存款疲于奔命、为学区房纠结不安、为三十岁危机焦虑茫然的职场女人，唯一能做的，只有牺牲自己的睡眠和休闲，拼尽全力去给孩子一点高质量的陪伴，竭尽所能去弥补一丝愧疚和亏欠。

当全职妈妈就轻松吗？

非但不轻松，甚至比职场更艰难。

5+2工作制，365天全年无休，24小时随时在线。

永远没有晋升激励，永远没有考核标准，永远没有绩效奖金，想要一句认可和表扬，都是疲惫生活里的英雄梦想。

她们像超人一样存在，却又像蝼蚁一样被忽略。

貌似摆脱了职场焦虑，实际却承受着更大的心理压力——

没有收入的不安，技能退化的恐慌，社交狭窄的惆怅，信息闭塞的自卑。甚至可能还有，来自外人的闲话，婆婆的白眼，老公默不作声的嫌弃，孩子有口无心的攀比。

这个社会的价值评价体系，从来没有为全职妈妈做过设计。

更悲哀的是，在世俗评判标准里，还存在着一条隐形鄙视链——

全职妈妈看不起职场妈妈：在孩子最需要你的时候不陪伴，太自私！

职场妈妈看不起全职妈妈：一有孩子就不思进取放弃自我，不上进！

好像全职妈妈和职场妈妈一定要互相看不起，才能突显出自己的优越和正确。

女人何苦为难女人。

无论职场妈妈，还是全职妈妈，都不过是这大千世界一个小小的缩影。

多少全职妈妈也曾是行走职场的铿锵玫瑰，多少职场妈妈也曾是身娇肉贵的千金小姐。

我们无非都是在当妈之后，懂得了拼命努力需要何等勇气，明白了为母则强是种怎样的决绝。

全职妈妈有无人理解的辛酸，职场妈妈有不为人知的艰难。

当妈是条幸福路，它让我们的生命得到升华，从此有了不可复制的多重体验。

当妈也是条不归路，它让我们抛弃对过去的沉湎和追忆，只能永不回头地往前走。

谁不曾是生活与婚姻的囚徒，只能在深夜与自己抱头痛哭。

也许，这就是三十岁艰难的地方。

它不是一个终局，只是一个开始。

我们风尘仆仆闯职场，我们呕心沥血当妈妈，我们还希望，能无怨无悔地做自己。

在哪里跌跌撞撞，就在哪里无畏生长。

我想这就是为什么，窗外长风猎猎，生活压力重重，我们依然努力，依然在哭过之后，笑着走下去。

让强大的女人活得更好，就是替天行道

疲惫红尘里颠簸，泥沙俱下中挣扎。
她们让我看到，“努力”不是一个泛泛的口号，
而是一个个真实的动作，被生活抽打、在命运捉弄之后，
依然不放弃自己的动作。

读者群里有一位妈妈，在我刚开公号的时候就认识了她。她独自抚育一个脑瘫的孩子，丈夫丢下母子俩不告而别，公婆把孩子问题全归咎于她，断绝关系不闻不问。

她无法工作，靠着微薄的低保收入和父母的资助，一养就是五年。每天的生活，就是带孩子做康复，照顾孩子的吃喝拉撒。孩子越来越重，她每日背着他爬顶楼，汗流浃背，双腿颤抖。

她唯一属于自己的时间，就是晚上孩子睡着后，能安心坐下来，上网看看喜欢的文章。

每隔一段时间看不到她的留言，我就会惦记，发微信问她近

况。她总是很平和，从不诉苦从不抱怨，只是说，心疼孩子不能像正常孩子一样长大。

我每次和她聊天都很心痛，总想着怎么能帮帮她，她却反过来宽慰我说，命运给什么是无法选择的。她已经为孩子的病尽了全力，如今基本已经定了性，专家也给出了存活期限。她接受现实，她说，后面的日子，尽全力好好过。

两年前我认识了一个创业的姑娘。比我还小好几岁，北上广轮流飞，谈项目、拿投资，永远神采奕奕，不知疲惫。

我暗暗猜测过她的背景，可能是个富二代。

直到后来一次偶然的深谈，才知道，她年纪不大，却经历了过山车般的半生。

先是父亲心脏病突发去世，对掌上明珠的她来说，无疑是晴天霹雳。

紧接着，投资被骗，合伙人卷款而逃，不明去向。

更讽刺的是，恋爱五年结婚一年半的老公，在某个夜里向她摊牌，已与小三情深似海。

她的世界，山崩地裂，全面塌陷。

亲情、婚姻、财产，几乎一夜之间弃她而去。

不吃不睡哭了三天。然后，擦干眼泪，卖掉房子，签了离婚协议。

她脑子里只有一个画面，就是徐帆在《日出》中演的陈白露说的一句：我陈白露，能活就活，不能活就死。

五年后的今天，她坐在我对面，像讲别人的故事一样平淡。

却再也没人知道，那个不识愁滋味的小公主，要脱几层皮，才能成为行走的铿锵玫瑰。

刘晓庆在《人生不怕从头再来》中有段话特别好：回忆非常苦痛，几乎要了我半条命。我用生命去经历，也用生命在回忆。我不后悔。我的这段人生，相当于活了几辈子。自豪自己俯仰不愧，此心光明。明白盈缩之期，不但在天。

前几年我特别热衷于名人励志故事。读她们的传奇，仿佛自己的人生也跟着澎湃起来。

现在我依然敬佩她们。但我更愿意，从身边那些平凡的、卑微的、籍籍无名的普通人身上，去发现光亮。她们带给我的感动和震撼，远超那些光芒万丈的明星。

不是只有名垂史册、功在千秋的人才配称传奇。

那些挺过了灾难折磨，从鬼门关走回来的女人。

那些熬过了婚姻溃散，脱了皮又活过来的女人。

那些经历了事业坍塌，从云端跌入泥泞又从泥里开出花的女人。

每个女人，都是一部传奇。

疲惫红尘里颠簸，泥沙俱下中挣扎。她们让我看到，“努力”不是一个泛泛的口号，而是一个个真实的动作，被生活抽打、在命运捉弄之后，依然不放弃自己的动作。

冯唐有个名句：我们彼此相爱，就是为民除害。

只有死过一回的女人才懂：相爱，是活下来之后的奢侈。

为民除害之前，你得先活下来。

让强大的女人活得更好，就是替天行道。

Chapter 5

我们曾经不堪一击 我们终将刀枪不入

若你肯把流泪的工夫，用来流汗。

若你肯把咒骂男人的精力，用来精进自己。

若你肯把挤胸挤乳沟的劲头，用来挤时间学习。

你就会把怨妇远远地甩在身后，成为自己的女王。

我能赚会花，你就没资格说我败家

当一个女人真正实现精神和经济的双重独立，
她就会更加懂生活，爱享受，关爱家人也取悦自己，
更有送得出也收得起的底气。

双十一过完，手都剁干净了吗？

没关系，反正女人的手就是壁虎的尾巴，没了照样长新的。

今年剁了不要紧，待我来年变千手观音。

天下女人一到换季，就会统统得一种叫作“没有衣服穿”的病，好像去年是裸奔过来的。

今年初春乍暖还寒，我就觉得我缺一件小皮衣。去商场转了一圈，相中一件喜欢的款。翻翻吊牌，不多不少，刚好我一个月工资。

买吧，觉得性价比不算很高。

不买吧，我可是写过《老娘有钱，关你屁事》的人啊，难道要为了这么几个钱自己打脸？

回家对老公说：“我忍三天，如果三天之后我还很想要，那就去买。”

他大呼：“你还是赶紧去买吧！否则，这三天我没好日子过，你会变着法儿的找茬，发脾气，耍性子，还要时不时地考验我的反应，问我到底该不该买。我要是说该买，你就说‘说得这么痛快，好像你多土豪似的’，我要说不买，你又会说‘我混了这么多年还不能买件贵衣服了？’反正我怎么回答都不对，求你了，从我零花钱里按月扣，今晚就去买了吧。”

嗯，这觉悟，不愧是和我生活了十年的人。

若这三天不买，每天打开衣橱我都会感慨：

这件衬衫多么适合配小皮衣啊！

这条连衣裙搭小皮衣最好看了！

要是有件小皮衣能配这条裤子是多么Fashion啊！

另外，还有很多无法预知的幺蛾子。

所以呢，买 ，就是为了痛快，拥有的那一刻，我就爽了啊。

然后我就去刷了卡。

次日在一个微信群里聊到这事，一个直男冒出来：“幸亏我单身，没娶你们这种败家老婆。”

我败家？是你眼瞎好不好。

是时候给直男们纠正下败家的概念了。

女人爱美，男人好色。不让女人穿衣打扮，就像不让男人长胡子一样难。这是天性，压抑不得。

我的衣橱永远不会满，因为每一季我都要精简，一年穿不过两回的，要么打包送人，要么塞入小区的环保回收箱。

为什么每一季都要买？因为我每季在变，原来的衣衫，很快就配不上我了。

无须后宫佳丽三千，但也要七十二妃四角齐全。每天早上打开衣橱大门，我就是君临天下的帝王，她们个个千娇百媚，映衬我富可敌国的辰光，朕今天想宠幸谁就宠幸谁。

地摊货我穿过，就像男人发达前娶的丑老婆。不是因为多喜欢，而是因为没得选。

十几年前我刚入职，拿八百块的试用工资，惊讶地发现我们公司的女经理，一套工装都是千元以上。混熟了之后，一次聚餐时我鼓足勇气问女上司：“这衣服为什么这么贵啊？它到底贵在哪呢？”

她笑着对我说："小李，你们年轻人身材好，基本穿什么都好看。但人到了一定岁数，身材开始走形，好的衣服能修饰身材缺陷，让人显精神，显年轻。"

这话我记了很多年。直到许多年后，我也开始有了偏爱的品牌，也舍得每年奖励自己几件大牌，我才明白真正的差别，是一个叫"品质"的东西——它们代表着更高的科技，更健康的生活，更环保的理念，更有益身心的体验。

所以现在，我舍得在关于品质的一切事物上花钱。它们让我更加自信和自爱，也让我更愿意去分享和爱人。

所以，买包购衫与败家无关，追求品质与败家无关，喜欢享受与败家无关。

什么才是真正的败家？

你去抢购打折的蔬菜，一星期都吃不完最后全部腐烂，这才叫败家。

你囤积保质期将至的食品，一不留神放到过期只好丢弃，这才叫败家。

你去地摊挑一百元三件的衣服，洗一次就起球缩水变形只能当抹布，这才叫败家。

你跟风买一堆质低价廉又无用的物件，占据几万块一平方米的房子，这才叫败家。

我一直信奉，过日子量力而行，宽裕就有宽裕的花法，拮据就用拮据的过法。

若我分文不赚，人穷志短，还要打肿脸充胖子去跟别人比吃穿，你可以说我败家。

若我入不敷出，囊中羞涩，还要拿捉襟见肘的家用去买个满足虚荣心的PRADA，你可以说我败家。

若我不思进取，好吃懒做，一边啃父母，一边啃老公，还要挥金如土的物质享受，你可以说我败家。

但是，我勤奋努力，能赚会花，那么，谁也没资格说我败家。

有商家广告语说：你花的每一分钱，都在为你想要的世界投票。

没错。从前我自欺欺人，看着橱窗里的流光溢彩，对自己说“没必要”。其实不是没必要，是自己的钱未到，是我没有底气相信自己配得上更好。

当一个女人真正实现精神和经济的双重独立，她就会更加懂生活，爱享受，关爱家人也取悦自己，更有送得出也收得起的底气。

你花的每一分钱，都是在接近自己的理想生活，都是在为自己的爱负责。

那件小皮衣，我自己当然买得起。为什么还要回家问老公？为什么还要刷他的卡？因为他是我婚姻的合伙人，是我同床共枕休戚与共的爱人。我买得起是一回事，享受他的宠是另一回事。就好比，他在家我连瓶盖都拧不开，离开他我分分钟徒手撕铁盆。

若直男再问你："其实过日子，实用的衣服就那么一两件，怎么还用月月买？"

你就回他："其实一辈子，能生的孩子也就一两个，怎么还要天天啪？"

婚姻经不起假设，你只负责好好过

我真正的选择，只会出现在这情况真正发生的时刻。
我不假设，我只负责现在好好过。

去年秋天，我去看望刚生完宝宝的姐妹M。她恢复得非常好，脸色红润，神清气爽，完全没有新手妈妈的臃肿和疲态。

粉雕玉琢的女儿躺在小床上睡得正香，M的妈妈在阳台晾晒刚洗的尿布，老公在客厅研究新买的辅食料理机。

标准的岁月静好。

两年前，M结束了上一段婚姻。前夫是名校学霸，品正貌端，勤学上进，工作体面，收入稳定，根正苗红的优质男。M也分毫不差。颜值学历皆高，身材性格都好，大学里的女神，公司中的司花。

当年俩人经人介绍，家境、学历、各路背景旗鼓相当，堪称绝配。按部就班地恋爱，水到渠成地走进婚姻。

五年时间，外人眼中的郎才女貌，无法改写现实里的冷暖自知。一个热衷考职称，一个喜欢追美剧。一个想去看世界，一个只想宅在家。默契渐行渐远，兴趣点越来越匹配不到一起。后来便分房睡了，从互不打扰，变成了互不干涉。

就如歌里唱的：我们都没错，只是不适合。

最后，俩人平心静气地谈分手。

M说："他是个好人，可好人不见得就适合做夫妻。若是想凑合，也不是不能。可后半生这么长，我们都不想这么过。"

他们谦让而公平地分割了共同财产，和和气气地办完了所有手续，分手后，两人还保持着朋友间的问候。

这是我见过的，分得最友好的一对。

分开后，他们各自找了新的伴侣。

M说："很多人认为，我放弃了一支潜力股，去选个学历、家世、工作都不如前任的男人。但既然决定了，我就不会再假设，若是不离会如何如何，我只负责好好过。"

这话，真的太赞了。

我是很多年之后才想明白，为什么我过得心累，其实是因为自己内心戏太多。

那几年在婚姻里横冲直撞总是不如意，我总忍不住做假设：如果当初选的不是这个人，那现在过的，会不会就是不一样的生活?

如果当初，选那个为我一句玩笑就真去买二十斤香肠无怨无悔等在楼下的青涩男孩，现在是否依然那般宠我?

如果当初，选那个读余华、写长诗、为我洋洋洒洒提笔不辍的蓝颜知己，现在是否会懂我的满心落寞?

甚至我还假设，如果当初放弃原则，咬牙选了那个想高价买我青春的人，活得无比势利虚荣，是否也比当下这长夜清冷好过?

可是，在我与过往纠葛多时之后发现，那些假设，统统不成立。

若是当初会选，当年也就选了。既是没选，重来一次也仍然不会选。

当下就是此刻，容不下多余的假设。

我在心里狠狠鄙视过自己，从此收起这些妄念。

这几年，感情上放下偏执，反倒通透顺遂太多。

常有姑娘深夜留言，字字血声声泪，最后问：姐，如果是你会怎么做?

不是不肯给她回，而是无法给她回。

若在前几年，每个狗血案例，我都会拿来安在自己身上模拟一遍——老公出轨、婆婆刁蛮、小三贱货妖艳。而我，该如何使用孙悟空的十八般武艺，如何招招致命，一剑封喉，打得他们落花流水丢盔弃甲。

有时意淫到得意忘形，恨不得让它们真正发生，好让我大展拳脚一试身手……

现在回头想，觉得自己真是吃饱了撑的，脑子有病。

前几天有人问我：若你家先生出轨，你会离婚吗?

因为这情形是假设的，所以，我说会，这答案是假设的。我说不会，这答案也是假设的。

这种事，没有感同身受。针没扎上之前，和扎上之后，体会是完全不同的。

其实怎么选都没错。最痛苦的煎熬莫过于，想选忍，怕太苦；想选离，怕太难。于是：

离了的日夜后悔——假如当初咬碎牙齿和血吞，好歹维持个虚假的完整。

忍了的终日不甘——假如当初狠心跺脚让他滚，至少赚了个心里的痛快。

所以，我真正的选择，只会出现在这情况真正发生的时刻。

所以，我不假设，我只负责现在好好过。

女人的假设通常就两种：

一种叫：如果不是你。

一种叫：如果会是你。

每一种，背后都透着虚弱和无力。

因为，假设，是执行成本最低、操作最简易的推卸责任——你看，我是为你放弃了更好的选择，这个烂摊子都是你造成的。

而那些像M一样不假设、不纠结的女人，多余的废话从不说。

要么，勇敢担起沉没成本，认错改错，调转船头，重建自我。

要么，立足当下，少哀怨，勤经营，打起精神，全力过好当下。

木子美说："若不是因为你"是最无力的假设。这世上若是有后悔药，人口能减少一半。

讲真的，女人千万别伤心伤肺地找自虐。有那些纠缠往返妄想的精力，不如用来多捯饬自己。

别把脑子浸淫在宋慧乔和长腿欧巴的韩剧中。睁开眼，我们都活在张嘉译和海清版的伦理剧里。

早上起不来床？生个孩子就好了

科比见过洛杉矶凌晨四点的样子算什么？
我们当妈的人，这城市凌晨几点的样子，都见过。

大龄单身闺蜜对我说："我可能睡了假觉，否则为什么一直困？原来，我不但五行缺钱，而且还缺觉啊！"

我给了她有生以来最嫌弃的白眼："你五行缺个熊孩子治你。"

讲真，单身狗这种"晚上睡不着，早上醒不了"的通病，生个孩子分分钟准保治好。

身为新手妈妈的女友，给我看某宝上搜到的一款智能睡袋，让我帮忙参谋——欧洲原装进口大牌，价格贵得惊人，据说可根据婴儿睡眠体温自动调节温度。

她兴奋："为娃踢被盖被操碎了心，有了这个神器，我不就能解脱了？”

我回她：“买是可以买，只是对娃来说，这世上最知冷知热的智能神器，叫亲妈。”

她瞬间蔫了：“那我啥时候才能睡成懒觉？天天困成狗啊！”

我毫不客气地补了一刀：“六年之内，想都别想。”

她哭着走了。

切，当了妈的人，囫囵觉都是天大的奢侈，还想懒觉？我只想问问是谁给你的勇气，梁静茹吗？

有人总结了女人当妈后，从王语嫣变身李莫愁的四大因素：

自身硬件报废，照顾宝宝受累，家事鸡零狗碎，老公照吃照睡。

对我来说，这些统统都抵不过致命的一条：天天觉不够睡！

我真的是天生能睡的那类人。

小时候听大人们说，睡觉多的孩子长得高。我果然不孚众望，15岁就长到了168厘米。

直到结婚之前，我依然保持每天十小时的睡眠。

老公得知后哭笑不得：“你是婴儿啊？”

呃，我大概一直在长身体吧。

另外我还有两个毛病：要是早上起得过早了，一整天都心慌气短、头晕恶心，像生了场大病。要是半夜被惊醒，或突发情况起得太猛，就会当即头晕目眩，心悸乏力。

直到六年前我产下儿子，被护士推出产房的时候，为我接生的杨医生说："行了，从此就知道了，当了妈的女人，什么娇气啊，怕疼啊，懒啊，犯困啊，以后都没有了。"

果然。我那些林黛玉一般的毛病，奇迹般地不治而愈了。

半夜娃"嗷"地一哭，我像安了弹簧，腾地一下直接坐起，眼如雷达，双目炯炯。

往上摸，烧不烧？

往下摸，尿没尿？

若是烧，立马化身武林高手，翻身下床抄家伙：体温计、凉毛巾、降温贴。

若是尿，尿布尿垫一锅端，一把扔进脏衣盆，健步如飞，比投篮还精准。

既不烧也没尿，那就是饿。冷热水比例烂熟于心，随便一兑都是45℃的完美。

吃饱了还不行，就来花样哄睡，下床转着圈，遛着弯，亲自给爷唱小曲儿。

一夜几番折腾下来，娃睡香了，天也亮了，本宫该上早朝了。

我曾天真地以为，娃大些后，断了夜奶，戴上尿不湿，终于可以美美一觉到天亮。

现实画风完全不对。

夜里被他拳打脚踢揍得鼻青脸肿，清晨难得酣睡一会儿，他一个骨碌坐起，坏笑着将两根小指头稳准狠地戳进你鼻孔里。

你若忍着不醒来，他继续变本加厉，抠开你的嘴，扒开你的眼，没轻没重恨不能把你眼珠子抠出来当泡踩。

我只得求饶。困成狗也得爬起来无奈赔笑。

又过两三年，终于熬到了塞给他个i PAD能自己玩的年纪。

每到周末，我不惜使用奸计，骗着熊孩子晚上连蹦带跳，电量耗尽，只为成全我次日的懒觉。

谁知这货完全不按套路出牌。

平时上学天天睡不够，硬生生从被窝里拖出来，闭着眼洗漱吃饭，睡眼惺忪地推出门塞上车。

一到周末却像打了鸡血，天一亮就自己起身下床，穿戴整齐，载歌载舞，连敲带打，吟诗作赋。

生生被他气得一口老血喷在被窝里。

前几天同事说，本来盼着熊孩子放了寒假，终于能消停些。谁承想，这货上学时困成狗，放了假恨不能闻鸡起舞，天天五点起来，大声朗读，全然不顾他睡在床上的爹娘，泪满面，鬓如霜。

看到全天下熊孩子都一个熊样，我幸灾乐祸地释然了。

一姐们儿说：谁若给我看一天孩子，只要叫我狠狠睡上二十四小时，让我干什么都行！

我在心里默默地说：终于理解了那些被逼供的人。其实像我这种怂包，不必严刑拷打，只要能让我睡觉，我啥都招。

何以解忧，唯有睡够。

有段时间，被几篇早起的励志爆文刺激到了，作者说，每天五点起床的人生，真是赚翻了。

我这种无志之人，立即立志，为了第二天能五点起床，我当晚决定九点就睡。

结果，一觉睡到第二天七点，算了算，多睡了好几个钟头，果然赚翻了！

虽然我至今，在五点起床这个问题上总是自取其辱，但客观地说，有娃这六年，我的惰性被彻底清空。

前天临时接到通知要回总部开会。为能当天返回，我与同事决定天不亮就出发。

当我在儿子熟睡的小脸上亲了又亲，在小黑板上给他留了言，拖着行李出门，站在漆黑寒冷的腊月街头等车，抬头见清冷明月，竟然记不清这是第几回了。

算算这两年，我出差的天数比前几年少很多，但紧凑程度和效率却比原来提高太多。

为赶早班机，或早上高速避开拥堵，我经常五点多钟出发，以保证赶在最早时间，出现在谈工作的办公室里。

因为，我早一点出发，就能早一点归来，就能早一点出现在我的宝贝面前。

既要求工作精专，又想给孩子照顾和陪伴。一个职场妈妈，唯一能牺牲的，就是自己的睡眠。

有人曾对我说：你对自己太严格。别搞那么累，你没那么重要。

没错，我对全世界都没那么重要。但对我的孩子，我就是这么重要。

他每天早上都会问我："妈妈你今天要加班吗？能准时回来吗？"

我保证一定能。他就欢呼雀跃。

对孩子来说，有父母陪伴的日子，都是过节。

所以，我不再纵容自己懒散懈怠，把时间都浪费给睡大觉。

所以，我开始认真食补、适度健身，以保证在减少睡眠后仍保持精力充沛。

我希望，我不只是个一味牺牲睡眠常年顶着黑眼圈的疲惫母亲，而是一个精于时间管理，时刻关注效率，坚持自律、神采奕奕的榜样妈妈。

科比见过洛杉矶凌晨四点的样子算什么？

我们当妈的人，这城市凌晨几点的样子，都见过。

男人不是用来咒怨的，而是用来学习的

若你肯把流泪的工夫，用来流汗。
若你肯把咒骂男人的精力，用来精进自己。
若你肯把挤胸挤乳沟的劲头，用来挤时间学习。
你就会把怨妇远远地甩在身后，成为自己的女王。

亦舒说过：当一个男人不爱他的女人，她哭闹是错，静默也是错，活着呼吸是错，死了都是错。

到女人身上也是一样。当她对一个男人充满怨怼的时候，他怎么做都是错。

回想我陷在怨妇状态里的那几年，最大的特征就是，时刻带着一双自带放大镜功能的挑剔眼。

我嫌他慢性子，凡事慢条斯理，火上墙都不着急。

我嫌他没心没肺，一副不知愁不知忧的死德行。

我嫌他盲目乐观，问题当前永远只相信好的一面。

甚至，去商场买一双鞋，他当场换上，把旧鞋扔进垃圾桶，我都要为此干一仗。

“就不能等一等吗？还差几天就过年了。原来的鞋又没坏，为什么不能留着替换穿？”

他十分不解：“为什么要等呢？买了不就是穿的吗？原来旧的肯定不想穿了才要淘汰啊，留着干吗呢？”

儿子小时候晚上经常高烧，我吓得整夜不敢睡，一会儿怕高热惊厥抽过去，一会儿又怕烧坏了脑子影响智力。

男人最多隔几个小时醒来摸一把，然后翻身继续睡。

我骂他狼心狗肺，孩子都烧到三十九度了，他还跟没事人似的该吃吃该睡睡，到底是不是亲爹？

他做无辜状：“你这样一宿一宿熬着不睡，孩子也不会好得更快啊。”

我气得恨不得能将他踹下床去。

诸如此类的问题太多，我一度悔青了肠子，为什么当初要选一个永远无法同频共振的人。

有段时间，我被孩子频繁的脾胃问题折腾得心力交瘁，随之产生了极大的负面情绪，总忍不住想：为什么别人的小孩都健健康康的，为什么偏偏我的孩子这样？甚至有时候，还对哭闹的孩子产生无奈又厌恶的复杂情绪。

当我们第N次抱着儿子从儿童医院走出来时，我心灰意冷，老公扶着我的肩，指着医院停车场密密麻麻的宝马奔驰路虎说："你看，比咱有钱有势的人多了去了，孩子也照样生病，都得扛着跑这来。你总是着急上火，把自己弄病了，岂不是更得不偿失嘛。"

我依然恶狠狠地将一股怒火发到他身上："对，我当然不能生病，我要长命百岁地活着，我一旦有个三长两短，就有别的女人住我的房花我的钱打我的娃，我是绝不会让别人得逞的！"

他被我气得哭气不得："好吧好吧，你这么想是对的。"

但我冷静下来回头看，真正意识到，他的心态比我好得多，健康得多。

我总怨他头脑简单万事不操心，而我呢？动辄焦虑、烦躁，成天一副愁眉不展为家国天下操碎了心的神情。这样真的好吗？

孩子稍不舒服，我就吃不下睡不着，不出三天把自己也快拖垮了，这样就是爱孩子吗？

不仅如此，我还经常不自知地被情绪奴役。

那年刚从HR转型做业务管理，面对业绩指标的压力，经常心烦意乱。儿子叽叽歪歪地粘着我，我忍不住冲他发火。儿子又惊又怕又委屈，大哭起来。

老公将他带到隔壁，安抚半天。隔着门，我听到父子俩的对话：

“妈妈最近太累了，心情不太好，不是故意这样对你的，每个人都有心情不好的时候，她肯定也很后悔对你发火，我猜她今晚一定会跟你道歉的。”

“真的吗？”

“肯定会的，相信你也一定会原谅她的。”

“嗯，好吧。”

不得不承认，面对问题，面对孩子，他比我有更多的耐心。

从前我总是风风火火，时刻高举“效率”大旗，最见不得那些慢条斯理的人。

但现在我终于肯承认，那些更多的耐心，恰恰是他们性格里的“慢”带来的。那些不慌不乱，正是得益于他本性里的不忧不愁。那些简单的快乐，也都是来源于他天性里的阳光和乐观。

夫妻之间，只有相互影响，没有单方改造。我们在一起生活的若干年，他对我最大的影响，是让我戒掉了巨蟹座性格里沉重的阴郁，逐渐变得积极、明朗。

很多姑娘在后台留言，问我如何修复感情，如何原谅对方。

其实，所有的修复和原谅，都是从自我反省开始，从换个角度看问题、看对方开始。

你若坚持认为他一无是处劣行累累，那你就越发悔不当初。

你若肯从中立角度重新面对，想想初心，想想当初为什么会心甘情愿地选择这个人，你会发现，现在让你糟心窝心闹心的缺点，恰恰都是当初他吸引你的亮点。

如果我们只是要去罗列男人的缺点，女人们会觉得简直罄竹难书，三天三夜都说不完。他们自私、幼稚、冷血、懒惰、散漫、凉薄。

但男人身上就没有优点值得我们学习吗?

当我们只会用咒怨、不满、指责来面对一个男人的时候，其实不觉间已沦为情绪的奴隶。我们在被奴役的过程里伤人伤己。

我们将这个枕边人视为对手、敌人，甚至仇人，我们不遗余力地打击、报复、发泄怨怒，最后让自己钻进牛角尖，把自己逼进死胡同。

男人的一半是女人，其实女人的一半也是男人。

我越来越明显地发现，优秀的女人身上，除了女性优势的突出，也明显地具备普通女性难以拥有的男性特质——自信、坚毅、冷静、果敢、专注、执着。

这都是我们要向男人学习的部分。

有时候，女人太不善于控制情绪，任由情绪化将我们带到更加狭隘的领地。我们看到的，只是我们自己以为的。你认为他无情，或许那更多的是理性。你觉得他冷血，事实是他比你更冷静。

男人不是用来咒怨的，而是用来学习的。

或许你会说，你嫁的这个男人毫无优点，给不出钱也给不出爱，只是自私、贪婪、无止境地向你索取。这样的混蛋，要向他学习什么呢？

要我看，他依然有一个值得你学习的优点，那就是——他比你更懂得爱自己。不是吗？

我们要把对男人的怨恨，转化为对他们的剖析，发掘优点，默默学习，据为己有。

若你肯把流泪的工夫，用来流汗。

若你肯把咒骂男人的精力，用来精进自己。

若你肯把挤胸挤乳沟的劲头，用来挤时间学习。

你就会把怨妇远远地甩在身后，成为自己的女王。

所有夫妻，都应该玩一次“角色扮演”

冷漠的伴侣，万事只会说“你应该”。
有爱的夫妻，一切才能是“我愿意”。

电影《匆匆那年》上映时，我和老公去影院。离开场还有半个多小时，我说：“我觉得这片子，适合毕业后劳燕分飞的大学情侣。”

他问：“那咱俩这样修成正果的，就不能看了？”

我当场决定，从即刻起到电影散场，我们要充分配合剧情，假装成一对久别重逢的旧情人。

我这些招数，他领教过很多回。即使在心里默默骂我“脑子有病”一万遍，最终也只得勉强同意。

直接开始ACTION：

他："你这些年过得还好吗？"

我："还行吧。"

他："听说你老公很帅啊！"

我："别跟我提那个混账玩意，早跟他过够了！"

他："靠，不演了！"

我："好好好，我说错了，重来。"

这次换我先说：

我："你这些年过得还好吧？"

他："挺好的啊。"

我："你太太一定很优秀吧？"

他："没有，就是个一般人吧。"

我："靠，现在说我一般人，你早怎么不说？当初追我干吗？"

他："你看，是你说要演旧情人的，连台词都不让人家自由发挥……"

我："发挥个屁，你心里就是这么想的，不演了！"

赌气五分钟，我心有不甘："要不咱俩到楼下商场转转，换个地方重来。”

他大概怕在影院门口吵闹太丢人，再次屈从了。

我们转到童装那一层。

我：“你女儿几岁了，我给她买套衣服吧。”

他：“啥？我生的不是儿子吗？”

我：“当然不是了，你跟别人必须生不一样的。”

他：“那好，我生的是双胞胎。”

我：“谁允许你生双胞胎了？看把你能耐的，你若跟别人结婚，只能过得不如我！

他：“凭啥啊？”

我：“不凭啥，剧本就是这么写的，就这么演！”

他：“这剧本是你写的？那不演了。”

我：“不演拉倒，就你这情商，啥剧本也活不过前两集。”

再次NG。两人气鼓鼓地滚回去看电影了。

那几年，我家经常上演这种情景剧。

没办法，孩子小，生活累，日子太苦逼，我总得给自己找点乐子。

老公曾经很认真地跟我说：“你当初怎么不去考北影？只是因为脸太大，镜头装不下？啧啧，你这么爱演的人，不进娱乐圈真可惜了。”

切，我应该叫李青霞李楚红李曼玉啊！全世界都欠我一座奥斯卡。

但我这套把戏，跟女友Cindy比，段位太小儿科了。

上个月跟Cindy吃饭，见她两颊红润气色上佳，我调戏：“最近有啥御夫新招？赶紧分享。”

她笑：“跟你学的啊，玩角色扮演。”

我眨着眼凑近：“你扮的啥？小护士还是女教师，制服诱惑还是镂空蕾丝？”

她一把把我脑袋按了回去：“你个老司机，能不能想点正经事。”

Cindy说，事情起源于一次争吵。两个人因炒茄子该放多少花生油，吵到谁为家庭GDP贡献大，火气越吵越盛，声调越来越高。

她突然意识到，这种争吵毫无意义，只赚个嘴皮子痛快。

Cindy鸣金收兵，话锋一转，和老公商量玩个“角色调换”。而直男老公正好憋屈，也抱着“不服试试看”的报复心态，一口答应。

他们约定，从那个周末起，两人互换角色。

她扮演家中的“丈夫”，老公扮演家中的“妻子”。双方约定好，各自承担角色的日常职责，谁都不许中途反悔。如遇困难，对方只提供口头帮助，不给予行动上的代替。

那个周末，这对逗比CP，正式开启了苦逼模式：

大清早，男人先进厨房忙活半天，累到满头大汗也没能做出孩子要吃的笑脸煎蛋。

把一周的脏衣服丢进洗衣机刚要按键，被告知内衣袜子必须分开，衬衣领口要用刷子，孩子衣服单独手洗。

一百二十平的房子，要先用吸尘器，再换拖把拖，边边角角旮旯旯晃一遍下来至少俩小时。

下午带孩子上外教课，下课后半小时之内赶到绘画班，傍晚回来要完成老师布置的亲子作业，还得用最快速度搞定晚餐。

春夏交替，被子被罩床笠枕套全部更换，一家三口衣服要重新归类整理，皮衣涂上保养油套上防尘罩挂进衣橱，夏装从箱底翻出来要全部熨烫。

一天下来，大男人累到崩溃，叫苦连天。

而Cindy也没好到哪里去。

车子过了保养里程要送4S店，上次的剐蹭事故保险赔付流程还没走完。

两个违章要去交警队处理，排队叫号交钱，半天轻松搭了进去。

下午找人来给家中不制冷的空调加氟利昂，售后检修后说家中电路有问题。

翻遍门缝塞的小广告刚找到电工电话，又想起洗手间下水道总是反味还要去建材城重选防臭地漏。

晚上有朋友从海南飞来，八点半要准时接机。

中途在加油站转了三遍找不到97号汽油，打电话问老公才知道早已改为95了。

去机场的路上，路怒症患者狂按喇叭把她吵得头痛欲裂，对面车道无德司机又用远光灯把她晃得眼睛生疼。

Cindy几乎想要停车大哭。

夜里11点，两人终于拖着快要累断的老腰爬上了床。四目对望，竟有一种劫后余生百感交集的沧桑。

一天的“角色扮演”，让他们感慨万千。

Cindy说，原来他们这么多年都活在自以为是里：

开开车，上个班，男人能有多劳累？

收拾家，做顿饭，女人能有多辛苦？

直到换成彼此亲自上场，亲力亲为，亲身体验，才终于明白，女人为何会被琐碎家务耗尽心力，男人为何会在一天归来后疲惫不堪。

同床共枕若干年，原来，我们各自有这么多的不容易。

1997年的贺岁片《甲方乙方》里，傅彪饰演了一位叫张富贵的丈夫。他不明白妻子为什么总是对他千依百顺，所以坚持要体验下受气的滋味。

他固执地认为："这受气啊，肯定是一特过瘾的事！"

负责"好梦一日游"的刘蓓问："是不是一点好脸儿都不给你，张嘴就挨呲儿，重活累活都让你干了，还不拿你当人，给一大嘴巴都算是轻的。"

他连声说："对对，就这意思。"

当他真正扮演了地主家的长工后，切身体会了被压榨、被践踏、被欺凌的滋味后，他怒了，"你们也太欺负人了，我要到消费者协会去告你们去！"

葛优问："这受气的滋味……"

他发火："你们也可以试试呀！"

葛优劝他："知道这受气的滋味不好受，以后就别再欺负你老婆了，人心都是肉长的，两口子要互相体谅，你觉着呢？"

他终于良心发现，决定善待妻子。回家为老婆擦洗时，才发现她手上满是开裂的口子。

婚姻这东西，说到底，家经难念。

男人总是不明白，原本温柔的老婆为何越过越像怨妇。

女人总是想不通，当初挺好的老公怎么越看越像渣男。

其实所有夫妻，都应该玩一次“角色扮演”。

婚姻里的角色，需要参与、需要互换。

不是闲来无事地找碴，也不是随随便便地玩闹，而是，真真实实地换位体验。

当你设身处地成为“我”，当我置身其中成为“你”。

你才能真真切切感受我的种种辛苦。

我才能感同身受理解你的点滴不易。

我们才能共同学会感情中最可贵的东西——将心比心，推己及人。

冷漠的伴侣，万事只会说“你应该”。

有爱的夫妻，一切才能是“我愿意”。

没做好这件事的男人，都是假老公

孩子生病，是女人最无助、最脆弱、最外强中干的时刻。
一起带孩子看病，是夫妻间最相扶相持同心同德的时刻。

人生有哪些时刻，让你觉得自己怂得像个软蛋?

又有哪些时刻，让你觉得自己强得像个战士?

能让我合二为一的答案只有一个，那就是：孩子生病的时候。

上周末，儿子说肚子不舒服，什么东西也不想吃。

我起初没在意，以为他挑食。直到第二天早上他呕吐，蔫蔫儿的上不了学，我才意识到有点严重。

向公司请了假，叫上老公一起带孩子去医院。

带孩子跑医院，绝对是个体力+技术活儿，没有两把刷子，都不好意思说自己当妈。

八点半，儿童医院门口几百米开外的双车道已经堵成长龙。我和老公十分默契各司其职，我下车先抱儿子去排队挂号，他掉头把车开进附近小区的收费停车场。

凭着经验，我直接挂两个科室：消化内科和中医科。

内科人最多，通常要排一百多个号，可以先去人少的中医科，医生问诊、把脉，先拿单子验血，然后回来下诊断开药。

这些差不多要两小时，再去消化内科，号也差不多排到了，直接递上病历和验血单，最后一起交费取药。

老公说："别说，你这办法挺好，省时间，效率高。"

呵呵，没学过统筹方法，哪能随随便便当妈。

手机是充电五分钟，通话三小时。

进医院，是排号三小时，看病五分钟。

没带孩子在医院奔波过的女人，不足以谈养娃。

等待验血结果的30分钟里，我观察了周边几对夫妻。

一对年轻小两口，爸爸抱着襁褓婴儿，妈妈一脸浮肿裹着头巾，一看就是还没出月子的产妇。孩子验血时哭了，声音很虚弱。妈妈心疼得直掉泪，爸爸腾出一只手，揽过妻子的肩，轻轻抚摸着她后背。

另一对中年夫妻，儿子不停咳嗽，妈妈一脸愁容，蹲在地上给孩子拿纸巾吐痰，爸爸跟没事人似的，倚在窗边的栏杆上自顾自玩手机。

还有一对边走边吵，爸爸指责："就怨你！我说别吃那么多，你就知道惯着他，成天买零食！"妈妈反驳："少来这些马后炮，你那么能耐早干吗了？有本事你回来做饭啊……"

医院这地方，不仅看出人间万象，还能看尽婚姻百态。

我在心里叹口气，疲倦地靠在墙边。

突然发现墙角还有一个穆斯林妈妈，不见爸爸也没有帮手，独自抱着一岁左右的孩子，孩子不停哭闹，她无奈地坐在地上，大热天围着黑色头巾，额头上满是汗珠。

众生皆苦。

多少恨嫁的姑娘啊，如果谁想不开，真应该来这里待一待。

以前带孩子去医院，我很少叫老公相陪。

他除了会开车，还有什么用?

医生询问孩子最近吃得如何、睡得怎样、大便什么形状，他能回答个毛?

曾经好多次我都宁可自己去，扛着孩子背着包，腋下夹着病历化验单就诊卡，大步流星风风火火地穿梭于各个楼层科室之间，排队挂号检查交费拿药，折腾半天累得要死，出来后把孩子喝剩的半杯豆浆倒进肚里，抹抹嘴赶回公司上班。

老娘一个人都能干，你给我趁早滚一边。

但其实这是不对的。这本就不该是女人独当一面独自逞强的时候。

第一，即使他不够耐心细心，但抱孩子、拿单子、排队交钱拿药这些活总能干。

第二，养娃的辛苦不易他在这一站就能全程体会一遍。

第三，他不仅要给孩子提供安全感，更该给妈妈提供心理支持。

后来想想，医院那些独自带孩子看病的女汉子妈妈，大概如我当年一般。

男人不指望，不如自己上。

而男人呢，育儿工作本就参与少，不用我正好拉倒。不就是找个大夫看个病吗，能有多大事？

呵呵，男人永远理解不了，女人到底焦虑啥。

很早以前我参加过一个小儿推拿妈妈班。老师讲到“久病体虚”的患儿时，有个妈妈神经兮兮地问：“我家孩子腹泻四天了，算不算久病体虚啊？”

看，都说恋爱的女人智商为零，当妈的女人孩子一病，智商为负。

我们都曾以为自己早已百毒不侵。

可孩子一生病，我们还是丢盔弃甲打回原形——

发烧三十九度，会不会烧坏脑子啊？

咳嗽三天了，会不会咳成肺炎啊？

总是说腹痛，会不会是肠梗阻啊？

……

孩子一生病，我秒变神经病。

我无法忍受那几万分之一的概率，出现在自己的孩子身上。

孩子生病，是女人最无助、最脆弱、最外强中干的时刻。

一起带孩子看病，是夫妻间最相扶相持同心同德的时刻。

好友筱懿写过：爱情，就是让他陪你去看一次病。

我想补充：婚姻，还得让他陪你带孩子一起看病。

没陪老婆一起带娃进过医院、上过火、糟过心，不能帮女人分担、不能给老婆支持的老公，统统都是假老公。

那些带孩子去医院还当甩手掌柜、只会指责、抱怨、没耐心的男人，都不是真男人。

我想起了那个轻抚妻子后背的年轻爸爸。

那一刻，那个心疼落泪的新手妈妈，至少内心是得到抚慰的。

婚姻艰难，养娃不易，愿我们且走且修行。

最终竟然是孩子，教会我如何做辣妈

哪个妈妈的成长途中，不曾哭了又哭。
哪个妈妈不是在黑暗里反复摸索，才找到通向孩子心里的路。

生完孩子的第一年，我的体重恢复得极慢。一整年，连半斤都没瘦下来。

不只是胖，还有臃肿。我万分焦急，日夜盼望早点瘦回去。

因为，我急于把自己塞回那些M号的衣裙里。

因为，我急于成为一个标准的、美美的、360度无死角的辣妈。

从前的书本上和电视里，只要一出现“妈妈”的人设，要么就是衣着朴素扎着围裙的贤惠妇女，要么就是双眼含泪“白发亲娘”式的苦情旋律。那是那个年代，特有的妈妈形象。

但现在早已不是了啊。

生了孩子依旧漂亮时尚、小腹平坦，还有马甲线傍身的女人遍地都是。

我为自己定位的辣妈形象也是：火速瘦身，腰身紧实，脚踩高跟鞋如同风火轮，大步流星昂首前行，既能赚钱养家，也能貌美如花。

可我的臆想很快败在孩子的屎尿屁里。

我必须接受，我会因为睡眠不足而终日顶着两个黑眼圈，会因为新陈代谢变慢而面浮眼肿，会因为宝宝生病而日夜焦虑灰头土脸。

原来，电视里的轻轻松松就能美炸天的辣妈都是骗人的。

现实里，一把屎一把尿踏踏实实把孩子养大才是硬道理。

几年过去，当初那个襁褓中的小宝宝，从蹒跚学步到咿呀学语，从扛在你的肩头到挣开你的怀抱，从教穿衣喂吃饭到自己开始读书写字，我真正意识到：他长大了。

我从电脑中翻出以前的照片视频，一帧帧一幕幕，见证着他的每一步，也见证着我从新手妈妈开始，一路摸爬滚打的忙碌辛苦。

我开始认真反思，自己曾有太多不成熟。

我也开始重新思考，什么样的妈妈，才算是真正的辣妈。

不只是装扮，更是学习和蜕变

当妈之后，我从一个只看唐诗宋词的女文青，变成手捧《育儿百科》猛啃的知识青年。

我从一个少睡一小时都能心慌气短头晕乏力的病秧子，变成一夜喂奶四次仍能健步如飞的女汉子。

我从一个半夜打雷刮风下冰雹都听不见的睡仙，变成了孩子动一下就能立即起身换尿布的超人。

我学习推拿、抚触、艾灸，也学习心理学、参加父母课堂、研习亲密关系。

我知道，成为名义上的妈妈很简单。孩子生下来的那一刻，我们就已经被赋予了这个身份。

而成为事实上的妈妈，却有很长的路要走。

不只变强大，还敢认错和自省

我曾是个粗心又粗暴的妈妈。

孩子一度爱吃手，我总是想方设法不许他吃。

他特别依赖安抚奶嘴，我总想试图给他强行戒掉。

所幸我很快意识到，我错在哪。吃手是因为孩子有“口欲期”。安抚奶嘴是因为他要找安全感。

更重要的是我明白了一个孩子未来与全世界的关系，取决于他自小与父母的关系。

因为对于幼小的他来说，父母就是他的全世界。他曾经被怎样对待，未来他就如何对待这个世界。

我反思我的急躁与粗暴，深深地向孩子道歉。我知道如果我没有足够的耐心和爱心，便等不来小树成长和花朵绽放。

不只是自我教育，更要向孩子学习

有一次我因为嫌弃儿子磨蹭、拖拉、浪费时间而大发脾气。他惊恐地看着我，说：“你不是说有话好好说吗？你怎么还那么大声？”

他无辜的样子，让我瞬间心疼。我强迫自己克制情绪向他道歉。当我说完“对不起”之后，他竟一把搂住我的脖子：“没关系，其实不管怎么样我都爱你。”

我们总是以“爱孩子”的名义去改造他们，要求他们，却不曾像孩子爱我们那样赤诚、宽容、全心全意。

卢梭说，孩子生而为孩子，而父母并非生而为父母。

其实，在这场爱的教育里，是孩子让我学会了真正的无私。

哪个妈妈的成长途中，不曾哭了又哭。

哪个妈妈不是在黑暗里反复摸索，才找到通向孩子心里的路。

有人说，文艺女青年这种病，生个孩子就好了。

其实，只生个孩子没用的。就像配备了超级育婴团的女明星，如果只生不养，全由他人代劳，自己只负责敷上面膜玩玩手机，这个病，治不好。

只有在亲力亲为的过程中，付出辛苦，经受历练，体会过困顿挣扎与遗憾之后，才会有真正的成熟和蜕变。

我曾经对孩子有过太多抱怨：

他总是莫名其妙大哭，总在该睡的时候不睡。

他总是把饭碗打翻饭菜洒一地，不听劝也不听管。

他总是把玩具弄坏、搞乱，全然无视你的要求和意愿。

养一个孩子，太累、太操心、太麻烦。

而这些，其实都在暴露我的不成熟。

妈妈不是超人。

我们也只是一个不理性、不宽容、不淡定的年轻人。并不是孩子一出生一落地，我就能自动按下按钮，启动“完美妈妈”程序。

孩子也不是物品。

TA不会被统治、被打造、被预先设定，按照谁期望的程序和轨迹，严丝合缝分毫不差地成长。

育儿，是每个妈妈的修道场。

当妈的过程，就是一场自我的推倒重建。

真正走过之后我才懂得，不只是我付出心血养育了孩子，孩子的成长，也给了我最重要的一场教育。

在孩子成长的轨迹里，我看到了自己的过去。在陪他长大的历程里，我疗愈了自己忧戚的童年，修复了那些不为人知的伤口，让我学会爱、接收爱、付出爱。

那么，真正的辣妈辣在哪？

时尚漂亮、衣袂飘飘，把孩子打扮得光鲜亮丽，收获众人注视的目光，这是对“辣妈”最肤浅的定义。

辣妈真正的辣，不是三头六臂十项全能，不是必须成为他人眼中一百分的完美妈妈。

她拥有最强的盔甲和最柔的软肋，勇敢、自信、温柔、坚韧。

一个能够自我重塑、不断拓展的女人，一个有爱、有能量、愿意与孩子共同成长的母亲，才有资格被称为辣妈。

既不过分捆绑，也不过度牺牲。

爱孩子，也爱自己。抚育孩子长大，也为自己增值。

我们接纳自己的不完美，接纳某些时刻的无力感，勇敢站上新手妈妈的起跑线，与孩子一起摸索实践，同步前行。

这也是我们养育孩子的意义所在——因为TA，让我们有机会，重新温习生命的奇迹，让我们有机会，参与一个新生命点点滴滴的成长，让我们有机会，重新成为一个孩子，从而更加明白，该如何成为一个更好的自己。

别让孩子未来做父母的路，像你一样坎坷崎岖

无论有什么样的过去，不能去怨别人，唯有去修自己。
别让无辜的孩子，去重复你不幸的童年。

一年前的某个周末，我打车出门，在路口堵了将近十分钟。我望向车窗外，无意间看到路边的人行道上，一位妈妈正在大声训斥女儿。

小女孩十岁左右，一直在哭。妈妈语速很快，疾言厉色，引得路人纷纷侧目。

听了一分钟，我大致明白了整件事情的原委：小女孩想洗手，妈妈便让她倒一点水壶里的水简单搓洗几下。水壶保温，估计温度略高，小女孩一下倒多了，觉得烫，哭了起来。

妈妈全然不顾孩子的委屈，一直痛斥：“让你少倒一点搓一

搓，谁让你一下倒那么多的？笨死了！倒点水都不会！”

小女孩一直抽泣，眼泪不停地往下流。

妈妈又呵斥：“哭什么？自己笨还有脸哭，不许哭，给我憋回去！”

小女孩惊恐地看着她，抿紧嘴唇，拼命点头。

妈妈接着训，翻来覆去不外乎还是那几句：

“我让你少倒一点，你能听懂吗？什么叫少？”

“你不会倒出两滴先试试吗？谁让你倒那么多了？没见过你这么笨的。”

“我告诉你，自己笨，只能怨自己，怪不了别人！”

小女孩瞪着无辜的大眼睛，不停做着吞咽动作，硬生生地把抽泣憋了回去。

若不是看她们母女长相极其相似，且亲耳听到小女孩叫妈妈，我简直无法相信这是亲妈。

这一年来，那场景一直印在我记忆里，挥之不去。

我心疼那个女孩，一个已经十岁，懂得爱美并已有了自尊心的小姑娘，被母亲在马路上如此当众责骂，她的哭泣里不只是伤心，一定还有委屈、愤怒、屈辱。

我也可怜那个妈妈。

我想所有路人，大概都给她贴上“粗暴”“过分”“不会教育”甚至“不配当妈”的标签。

不会有人想过，她今天的一切，都是因为童年不曾被好好爱过。无人为她治愈，她亦没有能力自愈的时候，她就将这一切，再度轮回到了自己的女儿身上。

我自己，也曾经是一个这样的孩子，后来，也一度几乎成为这样的妈妈。

小时候，我最讨厌的事，就是和我妈一起去姥姥家。

其实姥姥很疼我，但我宁可自己去，也不愿意和我妈一起去。因为我妈最喜欢干的事，就是在姥姥家当着一众亲戚的面专门数落我。

亲戚夸我个子高，她就说：长得高有什么用，傻大个罢了。

别人赞我学习好，她就说：好什么？天生笨，这次碰巧考得好罢了。

总之，我在她嘴里就是笨、傻、丑，一无是处。

或许她心里未必认为我一无是处。我的成绩摆在那，考不了第一，但也没跌出前五。我的模样个头也是现实，没有天生丽质，但也不是丑八怪。

但她嘴上一定要那样说，一定要拿我的短板去比别人的长处，一定要让我被那个“别人家的孩子”比下去。

她认为这是一种激励。越是批得惨痛，我越应该奋发有为。生怕谬赞了我一句，我就飘飘然找不着北，从此不知天高地厚。

整个童年和青春期，我们的母女关系都很紧张，我一度对她非常仇视：你把我贬得一文不值，难道你就脸上有光吗？

我真正的释然，始于姥姥给我讲了从前的事。

我妈是家中长女，姥爷长年在外。姥姥是服装厂女工，加班加点累死累活，根本无暇顾家。我妈就是弟弟妹妹的半个娘，要劈柴生火、洗衣做饭、养家赚钱。而那时，她不过是个十几岁的花季少女。

姥姥中午只有半小时吃饭时间，没有自行车，走回家要十五分钟，进门一看我妈没有把饭准备好，抓起扫帚就是一顿打，打完后，揣起一个凉馒头再走回去上班。那年月家家似乎都是这样的，人们没有精力、没有能力、没有条件去好好爱孩子。

一个不曾被爱过的孩子，当妈后如何去爱她的孩子？她不懂，也不会。

她总想把我塑造成她想要的样子：不讲穿戴，不准爱美，不许早恋，一心只读圣贤书。可我偏偏长反了：臭美又虚荣、矫情又敏感、暴烈又任性，我读琼瑶、收情书、旷课、暗恋，所有她不许的事，我都要偷偷干一遍。

那是一种报复的快感。

在整个成长过程里，我和我妈冲突不断，她对我极尽苛责、训斥、数落，我回报给她叛逆、偏激、固执。在我十八岁高考结束填报志愿时，我只有一个念头：离开家，离开她。

她羡慕别人家的孩子，我渴望别人家的妈妈。

直到我有了孩子，我发现，问题全面爆发了。

我没有成为别人家的妈妈，却成了和我妈一样的，极没有耐心，压不住火气，动辄发怒烦躁焦虑的妈妈。我变成了自己曾经最反感最讨厌的那种人。

孩子哭闹，我给不出耐心陪伴，只想抛下一切逃到天边。

生活烦乱，我不想承担也无力破解，只会用吵架赌气来发泄。

我意识到，如果这个坎过不去，我将永远是一个不成熟的伴侣，一个不称职的妈妈，一个毫无幸福感的女人。

我开始去学心理课程，学着自我疗愈。我看到了我心里那个“内在的小孩”——那个必须考第一名、必须只爱学习、必须优秀出色才配被爱的小孩。

很多时候我对孩子的不耐烦，其实是对我自己的无力感。

很多时候我又想给孩子全世界，其实只是在弥补对自己的可怜。

这是心理学上的“强迫性重复”。每个成年人都会重复早年的创伤性体验，当一个孩子在幼年和童年时期感受到幸福，长大后他就会重复幸福。当他获得的痛苦多于幸福，他就会重复痛苦。

如果没有他人帮助，自己很难从那些体验中逃出来，他就只能一直重复体验那些痛苦的体验，很多人把这称之为宿命，其实，这只是一种悲哀的轮回。

如果我们不能治愈自己，就会不断重复童年的创伤，就无法真正去爱孩子。而这种重复，又再次成了我们的孩子成长中的痛苦。

在网上看到这样一幅图：

小象：妈妈，这里水深吗？

大象：不深，还没没过大腿。

小象：妈妈，要不是我鼻子长，你就没儿子了你知道吗？

我们以为自己最爱孩子，其实只不过在自以为是地爱孩子。

我深知当妈这条路，我为什么走得格外不易，因为起点太低。我用了漫长的时间，去修复创伤，去重新成为孩子，去拥抱内在的小孩，去和过去彻底和解。然后，我才能真正接纳，真正给予。

我曾以为自己最爱孩子，走过之后才知道，我才是那个被孩子治愈的受益者。

“如果你了解过去的我，你就会原谅现在的我。”

所以我能理解那个当街训斥女儿的妈妈。她一定也不曾被宽容地善待过。她怕犯错，所以无法容忍女儿犯错。

那些不曾被爱包容、被爱滋养、被爱感化的人，长大后一直带着不为人知的伤口，暴戾、依赖、控制、索取。

他们对自己无能为力。

这些当年的孩子，只有先治愈自己，才有能力去成为一个合格的父母。

只有先与内在的小孩和解，才能真正学会去爱自己的孩子。

他们做父母的路，注定要比别人更坎坷、辛苦。

我常说：当妈后，我重新活了一次。

是的，做父母，就是一次重生。

无论有什么样的过去，不能去怨别人，唯有去修自己。

别让无辜的孩子，去重复你不幸的童年。

好好爱我们的孩子，别让他为我们，以及上一代的错误买单。别让他未来做父母的路，和我们一样坎坷崎岖。

我们如何对他们，影响着他以后如何做父母。

让他成为活在爱里的孩子，他就能去正确地爱他的孩子。

我们曾经不堪一击，我们终将刀枪不入

无数次我们都险些被脆弱击倒，无数次我们都几乎被苦难打败。
所幸最后，我们依然昂首站在岁月中央，有了铜墙铁壁盔甲钢拳。

孙小仙来青岛看我。晚上在我家，一直聊到半夜十二点。

女人们想象中的闺蜜相聚，都是挤在沙发上吃着巧克力甜甜圈，掏心掏肺说不完的体己话。

可我是大巨蟹啊！巨蟹爱自己人的方式，就是欺负你欺负你一直欺负你。

所以，我对孙小仙的感情表达，就是损她损她总是损她。

她说："心情不好，快给我讲个笑话。"

我回："你本身就是个笑话！"

她说："以前，我总想找个有房子的男人。"

我说：“现在，你只能买个有男人的房子。”

她问：“爱玲你说我什么时候才能嫁出去啊？”

我答：“滚，你这样的，不要出去祸害人。”

讲真，这种对话，只能发生在亲生闺蜜间。

但这次，她很认真地跟我说了一句：“如果十五年前，我对你说，你以后会过上现在的生活，你会不会觉得我是骗子？”

“会！”我毫不犹豫。

我们一直笑，直到笑出了泪。

十五年前的夏天，我大学毕业。异地恋前途未卜，父母远在老家，最好的闺蜜孙小仙去了烟台。

我孤零零留在这座城市，独自开启职场生涯。

那年公司业务量突飞猛进，人员告急。我每天早上第一个到公司，倒一满杯热水在手边，然后低头开始整理报关单据，再次抬头，就是中午十二点，水早已凉透。

毫不夸张，我经常一整天连饭都吃不上。

晚上下班，我整理资料、归档单据，再分别把快递寄出，然后在苍茫暮色中去公司楼下的海边，看班轮鸣笛起航。

有时会有男人来搭讪，我胆怯地躲开。一个无依无靠的年轻姑娘，保护自己的唯一办法，就是远离是非。

我在夜风中走回合租房。半路买两个包子，通常到家之前就吃完了。

我的住处是与两个陌生女子合租的，互不了解。我在自己的单间门上又加了一把明锁。房子是顶楼，单元门口没有防盗门，楼道里没有灯，我特别害怕晚上独自回家。走在楼梯上，我常常想象：如果遇上劫匪，上面下来一个，后面堵上来一个，我就完了。

其中一个合租的姑娘，几次被我撞见带不同的男人回来过夜。卫生间是公用的，我很担心，只好把脸盆毛巾全拿到自己房间，尽量忍着不去厕所。

七夕情人夜，当时的男友，也就是我现在的老公，在花店订了一束百合给我。我们都太穷了，没时间也没有钱见面。

晚上我们约好各自去海边，看潮水起起落落，我们通了个电话，想象对方城市的海也是这样的吧。随身听反复循环梁静茹的《勇气》：

爱真的需要勇气

来面对流言蜚语

只要你一个眼神肯定

我的爱就有意义

我们都需要勇气

去相信会在一起

……

时至今日，回想起当初那一段时光，还是无比心酸。不只为生活上的清苦，更多的是心底无可逃遁的迷茫和无望。

而那些黑暗，你只能独自穿越。

我在客厅里拉开窗帘，让孙小仙看后排的楼座，有一家亮着灯的美容院，老板是位四十岁却看上去比我们还年轻的姐姐。

二十四年前，她只是一个普通农村姑娘，把上学的机会留给了弟弟，独自一人来到举目无亲的青岛。没有学历，身无长物，能拼的，只有勤奋。

她爱美，便进入美容行业，从学徒工做起，加班加点，全年无休。白天跟着师傅学习护肤，晚上回家自学研究经络。美容院的VIP客人，通常一来都是做全套护理，包括面部护肤和全身按摩。

别人一天做五六个，她做十几个。

别人趁客人睡着就偷工减料，她每个步骤从头到尾绝不敷衍。

为找准经络穴位，她每晚回家自己试验，把胳膊小腿按到青紫。

为精进按摩手法，掌握好力度，她一遍遍拿自己的脸当试验田。

二十岁出头，她成了店里最优秀的美容师。别的美容师收入还停留在七八百，她每月就能拿到两千块奖金。

她说，我没多少文化，也没多大本事，唯一的办法，就是用心。

那天她对我说："咱们小区北面，曾经有个公交总站，我印象最深。那几年这一片城区刚开始开发，我深夜下班，就在那里等车。天寒地冻，一片荒凉，周围的小区刚开始动工盖楼，我抬头看着塔吊，突然觉得自己没有家，心里空空落落，不知道什么时候才能在这里落下脚。"

如同我那些去海边独自看班轮起航的夜晚，茫然四顾，举目无依。

她笑说："现在什么都有了，其实真的挺感恩的。"

她拿出手机，给我看年前刚在市郊新买的联排别墅。

命运从来都不会无端厚待谁。每个人都是一边承受，一边战斗。

我问孙小仙："今年你有什么目标吗？"

她说："爱玲说真的，我有时真想这辈子就这样算了，稀里糊涂地过吧。但每次过节回家，看到我妈，就觉得我应该好好生活，我就是她的脸，我过好了她才扬眉吐气，我过好了她才心安。"

我一如既往地损她："你那猪脑子，活了半辈子终于开窍了。"

其实孙小仙挺坚强的。从我在大学里认识她，得知她身世经历比同龄人都坎坷曲折：早年父亲去世，母亲住院，年幼的弟弟尚在上学。她在家中亲戚的帮助下，得以参加高考上了大学。就业后，每月从自己微薄的薪水里分出一半，供弟弟到大学毕业。

我能理解她人生那么多的颓丧和消沉的时刻。就连比她平顺太多幸运太多的我，都时常想着：拼什么争什么，找个地方躲起来算了，就没人看见我的无能和懦弱。

可如今她说："想想自己还是挺幸运的。老爸不在了，可还有老妈啊。当年家里一下垮了，好在还有亲戚帮我们啊。没让我草草找个村里人随便嫁了，没让我在村头边奶孩子边种地，我还能上大学，还认识了你，我还能买上个小破二手房，种一院子的花……"

命运给予什么，从来都由不得我们选择。

无数次我们都险些被脆弱击倒，无数次我们都几乎被苦难打败。

所幸最后，我们依然昂首站在岁月中央，有了铜墙铁壁盔甲钢拳。

有位读者曾在我的文章下方留言：我们曾经不堪一击，我们终将刀枪不入。

我们终于长成一棵开花的树，温柔而强大地绽放。

从此懂得，什么叫作红颜铿锵。

图书在版编目（CIP）数据

越女王，越少女 / 李爱玲著. — 南京：江苏凤凰文艺出版社，2017.8

ISBN 978-7-5594-0769-6

Ⅰ.①越… Ⅱ.①李… Ⅲ.①散文集－中国－当代 Ⅳ.①I267

中国版本图书馆CIP数据核字（2017）第156024号

书　　名	越女王，越少女
作　　者	李爱玲
选题策划	李　娟
责任编辑	丁小卉　姚　丽
封面设计	马顾本
版式设计	新兴工作室
出版发行	江苏凤凰文艺出版社
出版社地址	南京市中央路165号，邮编：210009
出版社网址	www.jswenyi.com
印　　刷	三河市中晟雅豪印务有限公司
开　　本	880毫米×1230毫米　1/32
字　　数	220千字
印　　张	10
版　　次	2017年9月第1版　2017年11月第2次印刷
标准书号	ISBN 978-7-5594-0769-6
定　　价	39.80元